吉林全書

雜集編

⑪

吉林文史出版社

圖書在版編目（CIP）數據

柳邊紀略 / (清) 楊賓著 . -- 長春 : 吉林文史出版社 , 2024. 12. -- (吉林全書). -- ISBN 978-7-5752-0839-0

Ⅰ . K293

中國國家版本館 CIP 數據核字第 2024D6W346 號

LIU BIAN JILÜE

柳 邊 紀 略

著　　者　[清] 楊　賓
出 版 人　張　强
責任編輯　王　非　關雅琪
封面設計　溯成設計工作室
出版發行　吉林文史出版社
地　　址　長春市福祉大路5788號
郵　　編　130117
電　　話　0431-81629356
印　　刷　吉林省吉廣國際廣告股份有限公司
印　　張　13.5
字　　數　111千字
開　　本　787mm × 1092mm　1/16
版　　次　2024年12月第1版
印　　次　2024年12月第1次印刷
書　　號　ISBN 978-7-5752-0839-0
定　　價　70.00圓

《吉林全書》編纂委員會

總主編　曹路寶

雜集編主編　胡維革　李德山　劉奉文

《吉林全書》學術顧問委員會

學術顧問（按姓氏音序排列）

邴　正　陳紅彦　程章燦　杜澤遜　關樹東　黃愛平　黃顯功　江慶柏
姜偉東　姜小青　李花子　李書源　李　岩　李治亭　厲　聲　劉厚生
劉文鵬　全　勤　王　鍔　韋　力　姚伯岳　衣長春　張福有　張志清

總序

『長白雄東北，嵯峨俯塞州。』吉林省地處中國東北中心區域，是中華民族世代生存融合的重要地域，素有『白山松水』之地的美譽。歷史上，華夏、濊貊、肅慎和東胡族系先民很早就在這片土地上繁衍生息，高句麗、渤海國等中國東北少數民族政權在白山松水間長期存在，以契丹族、女真族、蒙古族、滿族融合漢族在内的多民族形成的遼、金、元、清四個朝代，共同賦予吉林歷史文化悠久獨特的優勢和魅力，決定了吉林文化不可替代的特色與價值，具有緊密呼應中華文化整體而又與衆不同的生命力量，見證了中華民族共同體的融鑄和我國統一多民族國家的形成與發展。

提到吉林，自古多以千里冰封的寒冷氣候爲人所知，一度是中原人士望而生畏的苦寒之地，一派肅殺之氣。再加上吉林文化在自身發展過程中存在着多次斷裂，致使衆多文獻湮没、典籍無徵，一時多少歷史文化精粹『明珠蒙塵』，因此，形成了一種吉林缺少歷史積澱，文化不若中原地區那般繁盛的偏見。實際上，在數千年的漫長歲月中，吉林大地上從未停止過文化創造，自青銅文明起，從先秦到秦漢，再到隋唐直至明清，吉林地區不僅文化上不輸中原地區，還對中華文化産生了深遠的影響，爲後人留下了衆多優秀古籍，涵養着吉林文化的根脉，猶如璀璨星辰，在歷史的浩瀚星空中閃耀着奪目光輝，標注着地方記憶的傳承與中華文明的賡續。我們需要站在新的歷史高度，用另一種眼光去重新審視吉林文化的深邃與廣闊，通過豐富的歷史文獻典籍去閱讀吉林文化的傳奇與輝煌。

吉林歷史文獻典籍之豐富，源自其歷代先民的興衰更替、生生不息。吉林文化是一個博大精深的體系，從左家山文化的『中華第一龍』，到西團山文化的青銅時代遺址，再到二龍湖遺址的燕國邊城，都見證了吉林大地的文明在中國歷史長河中的肆意奔流。早在兩千餘年前，高句麗人的《黄鳥歌》《人參贊》以及《留記》等文史作品就已在吉林誕生，成爲吉林地區文學和歷史作品的早期代表作。高句麗文人之《新集》，渤海國人『疆理雖重海，車書本一家』之詩篇，金代海陵王詩詞中的『一咏一吟，冠絶當時』，再到金代文學的『華實相扶，骨力遒上』，皆凸顯出吉林不遜文教、獨具風雅之本色。

吉林歷史文獻典籍之豐富，源自其地勢四達并流、山水環繞。吉林土地遼闊而肥沃，山河壯美而令人神往，吉林大地可耕可牧、可漁可獵，無門庭之限，亦無山河之隔，進出便捷，四通八達。沈兆禔在《吉林紀事詩》中寫道，『肅慎先徵孔氏書』，印證了東北邊疆與中原交往之久遠。早在夏代，居住於長白山脚下的肅慎族就與中原建立了聯係。一部《吉林通志》，『考四千年之沿革，挈領提綱；綜五千里之方輿，辨方正位』，從時間和空間兩個維度，寫盡吉林文化之淵源深長。

吉林歷史文獻典籍之豐富，源自其民風剛勁、民俗絢麗。《長白徵存録》寫道，『日在深山大澤之中，伍鹿豕、耦虎豹，非素嫻技藝，無以自衛』，描繪了吉林民風的剛勁無畏，爲吉林文化平添了幾分豪放之感。清代藏書家張金吾也在《金文最》中評議，『知北地之堅强，絶勝江南之柔弱』，足可見，吉林大地與生俱來的豪健英杰之氣。同時，與中原文化的交流互通，也使邊疆民俗與中原民俗相互影響、不斷融合，既體現出敢於拼搏、鋭意進取的開拓精神，又兼具脚踏實地、穩中求實的堅韌品格。

吉林歷史文獻典籍之豐富，源自其諸多名人志士、文化先賢。自古以來，吉林就是文化的交流彙聚之地，從遼、金、元到明、清，每一個時代的文人墨客都在這片土地留下了濃墨重彩的文化印記。特别是，清代東北流人的私塾和詩社，爲吉林注入了新的文化血液，用中原的文化因素教化和影響了東北的人文氣質和文化形態；至近代以『吉林三杰』宋小濂、徐鼐霖、成多禄爲代表的地方名賢，以及寓居吉林的吴大澂、金毓黻、劉建封等文化名家，將吉林文化提升到了一個全新的高度，他們的思想、詩歌、書法作品中無一不體現着吉林大地粗狂豪放、質樸豪爽的民族氣質和品格，滋養了孜孜矻矻的歷代後人。

盛世修典，以文化人，是中華民族延續至今的優良傳統。我們在歷史文獻典籍中尋找探究有價值、有意義的歷史文化遺産，於無聲中見證了中華文明的傳承與發展。吉林省歷來重視地方古籍與檔案文獻的整理出版。自二十世紀八十年代以來，李澍田教授組織編撰的《長白叢書》，開啓了系統性整理、組織化研究吉林文獻典籍的先河，贏得了『北有長白，南有嶺南』的美譽；進入新時代以來，鄭毅教授主編的《長白文庫》叢書，繼續肩負了保護、整理吉林地方傳統文化典籍，弘揚民族精神的歷史使命，從大文化的角度折射出吉林文化的繽紛异彩。隨着《中國東北史》和《吉林通史》等一大批歷史文化學術著作的問世，形成了獨具吉林特色的歷史文化研究學術體系和話語體系，對融通古今、賡續文脉發揮了十分重要的作用。正是擁有一代又一代富有鄉邦情懷的吉林文化人的辛勤付出和豐碩成果，使我們具備了進一步完整呈現吉林歷史文化發展全貌，淬煉吉林地域文化之魂的堅實基礎和堅定信心。

當前，吉林振興發展正處在滚石上山、爬坡過坎的關鍵時期，機遇與挑戰并存，困難與希望同在。站在這樣的歷史節點，迫切需要我們堅持高度的歷史自覺和人文情懷，以文獻典籍爲載體，全方位梳理和展示吉林政治、經濟、社會、文化發展的歷史脉絡，讓更多人瞭解吉林歷史文化的厚度和深度，感受這片土地獨有的文化基因和精神氣質。

鑒於此，吉林省委、省政府作出了實施《吉林全書》編纂文化傳承工程的重大文化戰略部署，這不僅是深入學習貫徹習近平文化思想、認真落實黨中央關於推進新時代古籍工作要求的務實之舉，也是推進吉林優秀傳統文化保護傳承、建設文化强省的重要舉措。歷史文獻典籍是中華文明歷經滄桑留下的最寶貴的東西，是吉林優秀歷史文化『物』的載體，彙聚了古人思想的寶藏、先賢智慧的結晶。對歷史最好的繼承，就是創造新的歷史。傳承延續好這些寶貴的民族記憶，就是要通過深入挖掘古籍藴含的哲學思想、人文精神、價值理念、道德規範，推動中華優秀傳統文化創造性轉化、創新性發展，作用于當下以及未來的經濟社會發展，更好地用歷史映照現實、遠觀未來。這是我們這代人的使命，也是歷史和時代的要求。

從《長白叢書》的分散收集，到《長白文庫》的萃取收録，再到《吉林全書》的全面整理，以歷史原貌和文化全景的角度，進一步闡釋了吉林地方文明在中華文明多元一體進程中的地位作用，講述了吉林人民在不同歷史階段爲全國政治、經濟、文化繁榮所作的突出貢獻，勾勒出吉林文化的質實貞剛和吉林精神的雄健磊落、慷慨激昂，引導全省廣大幹部群衆更好地瞭解歷史、瞭解吉林，挺起文化脊梁、樹立文化自信，不斷增强砥礪奮進的恒心、韌勁和定力，持續激發創新創造活力，提振幹事創業的精氣神，爲吉林高品質發展明顯進位、全面振興取得新突破提供有力文化支撑，彙聚强大精神力量。

爲扎實推進《吉林全書》編纂文化傳承工程，我們組建了以吉林東北亞出版傳媒集團爲主體，涵蓋高等院校、研究院所、新聞出版、圖書館、博物館等多個領域專業人員的《吉林全書》編纂委員會，并吸收國内知名清史、民族史、遼金史、東北史、古典文獻學、古籍保護、數字技術等領域專家學者組成顧問委員會，經過認真調研、反復論證，形成了《〈吉林全書〉編纂文化傳承工程實施方案》，確定了『收集要全、整理要細、研究要深、出版要精』的工作原則，明確提出在編纂過程中不選編、不新創，尊重原本、致力全編，力求全方位展現吉林文化的多元性和完整性。在做好充分準備的基礎上，《吉林全書》編纂文化傳承工程於二〇二四年五月正式啓動。

爲高質量完成編纂工作，編委會對吉林古籍文獻進行了空前的彙集，廣泛聯絡國内衆多館藏單位，尋訪民間收藏人士，重點以吉林省方志館、東北師範大學圖書館、長春師範大學圖書館、吉林省社科院爲收集源頭開展了全面的挖掘、整理和集納；同時，還與國家圖書館、上海圖書館、南京圖書館、遼寧省圖書館、吉林省圖書館、吉林市圖書館等館藏單位及各地藏書家進行對接洽談，獲取了充分而精准的文獻信息。同時，專家學者們也通過各界友人廣徵稀見，在法國國家圖書館、日本國立國會圖書館、韓國國立中央圖書館等海外館藏機構搜集到諸多珍貴文獻。在此基礎上，我們以審慎的態度對收集的書目進行甄別、分類、整理和研究，形成了擬收録的典藏文獻名録，分爲著述編、史料編、雜集編和特編四個類别。此次編纂工程不同於以往之處，在於充分考慮吉林的地理位置和歷史變遷，將散落海内外的日文、朝鮮文、俄文、英文等不同文字的相關文獻典籍一并集納收録，并以原文搭配譯文的形式收於特編之中。截至目前，我們已陸續對一批底本最善、價值較高的珍稀古籍進行影印出版，爲館藏單位、科研機構、高校院所以及歷史文化研究者、愛好者提供參考和借鑒。

『周雖舊邦，其命維新』，文獻典籍最重要的價值在於活化利用。編纂《吉林全書》并不意味着把古籍束之高閣，而是要在『整理古籍、複印古書』的基礎上，加强對歷史文化發展脉絡的前後貫通、左右印證，更好地服務於對吉林歷史文化的深入挖掘研究。爲此，我們同步啓動實施了『吉林文脉傳承工程』，旨在通過『研究古籍、出版新書』，讓相關學術研究成果以新編新創的形式著述出版，借助歷史智慧和文化滋養，通過創造性轉化、創新性發展，探尋當前和未來的發展之路，以守正創新的正氣和鋭氣，賡續歷史文脉、譜寫當代華章。

做好《吉林全書》編纂文化傳承工程是一項『汲古潤今，澤惠後世』的文化事業，責任重大、使命光榮。我們將秉持敬畏歷史、敬畏文化之心，以精益求精、止於至善的工作信念，上下求索、耕耘不輟，爲實現文化種子『藏之名山，傳之後世』的美好願景作出貢獻。

《吉林全書》編纂委員會

二〇二四年十二月

凡例

一、《吉林全書》（以下簡稱《全書》）旨在全面系統收集整理和保護利用吉林歷史文獻典籍，傳播弘揚吉林歷史文化，推動中華優秀傳統文化傳承發展。

二、《全書》收録文獻地域範圍，首先依據吉林省當前行政區劃，然後上溯至清代吉林將軍、寧古塔將軍所轄區域内的各類文獻。

三、《全書》收録文獻的時間範圍，分爲三個歷史時段，即一九一一年以前，一九一二至一九四九年，一九四九年以後。每個歷史時段的收録原則不同，即一九一一年以前的重要歷史文獻，收集要『全』；一九一二至一九四九年間的重要典籍文獻，收集要『精』；一九四九年以後的著述豐富多彩，收集要『精益求精』。

四、《全書》所收文獻以『吉林』爲核心，着重收録歷代吉林籍作者的代表性著述，流寓吉林的學人著述，以及其他以吉林爲研究對象的專門著述。

五、《全書》立足於已有文獻典籍的梳理、研究，不新編、新著、新創。出版方式是重印、重刻。

六、《全書》按收録文獻内容，分爲著述編、史料編、雜集編和特編四類。

著述編收録吉林籍官員、學者、文人的代表性著作，亦包括非吉林籍人士流寓吉林期間創作的著作。作品主要爲個人文集，如詩集、文集、詞集、書畫集等。

史料編以歷史時間爲軸，收録一九四九年以前的歷史檔案、史料、著述，包含吉林的考古、歷史、地理資料等；收録吉林歷代方志，包括省志、府縣志、專志、鄉村村約、碑銘格言、家訓家譜等。

雜集編收録關於吉林的政治、經濟、文化、教育、社會生活、人物典故、風物人情的著述。

特編收録就吉林特定選題而研究編著的特殊體例形式的著述。重點研究認定『滿鐵』文史研究資料和東北亞各民族不同語言文字的典籍等。關於特殊歷史時期，比如，東北淪陷時期日本人以日文編寫的『滿鐵』資料作爲專題進行研究，以書目形式留存，或進行數字化處理。開展對滿文、蒙古文，高句麗史、渤海史、遼金史的研究，對國外研究東北地區史和高句麗史、渤海史、遼金史的研究成果，先作爲資料留存。

七、《全書》出版形式以影印爲主，影印古籍的字體版式與文獻底本基本保持一致。

八、《全書》整體設計以正十六開開本爲主，對於部分特殊内容，如，考古資料等書籍采用一比一的比例還原呈現。

九、《全書》影印文獻每種均撰寫提要或出版説明，介紹作者生平、文獻内容、版本源流、文獻價值等情况。影印底本原有批校、題跋、印鑒等，均予保留。底本有漫漶不清或缺頁者，酌情予以配補。

十、《全書》所收文獻根據篇幅編排分册，篇幅適中者單獨成册，篇幅較大者分爲序號相連的若干册，篇幅較小者按類型相近或著作歸屬原則數種合編一册。數種文獻合編一册以及一種文獻分成若干册的，頁碼均單排。若一本書中收録兩種及以上的文獻，將設置目録。各册按所在各編下屬細類及全書編目順序編排序號，全書總序號則根據出版時間的先後順序排列。

柳邊紀略

［清］楊賓 著

提　要

《柳邊紀略》五卷，［清］楊賓著。楊賓（一六五〇—一七二〇）字可師，號耕夫，别號大瓢或大瓢山人，又號小鐵。浙江山陰（今紹興）人。清初學者、詩人、書法家。著有《柳邊紀略》《晞發堂詩集》《晞發堂文集》《大瓢偶筆》《鐵函齋書跋》等。其父楊越（一六二二—一六九一）因爲浙東『通海案』受牽連獲罪與其夫人范氏被流放寧古塔。楊賓於康熙二十八年（一六八九）隻身塞外省親，自京師出發，經山海關、奉天、吉林等地，歷盡艱辛，終至寧古塔，與父母團聚。暇則訪問金元遺迹，與土人及流人談論當地掌故，後來都寫進《柳邊紀略》中。《柳邊紀略》是清初第一部私人撰寫的東北地區簡志，因此收録《中國地方志聯合目録》中。全書分爲五卷，第一卷邊門城堡，山川疆界，第二卷京師至寧古塔驛站道路、衛所、職官，第三卷扈倫部落，物産、互市，第四卷風習，第五卷述懷詩，凡七十餘首。在卷四中，有一篇《金完顔婁室神道碑》一文，雖然晚於高士奇《扈從東巡日録》，但賴以保存了碑文内容，至爲難得。此書有二卷本，三卷本，四卷本，五卷本。五卷本爲足本，有道光年刊《昭代叢書》本，光緒年刊《仰視千七百二十九鶴齋》刊本等。

爲盡可能保存古籍底本原貌，本書做影印出版，因此，書中個别特定歷史背景下的作者觀點及表述内容，不代表編者的學術觀點和編纂原則。

柳邊紀畧序

成都費密

山陰楊賓耕夫別六年遇於皖口涕泣下拜言先人沒矣敢請一傳費密曰誌傳諸公有作為君序出塞之書塞有遼以東也至開元插柳為界故曰柳邊也出塞者省覲也耕夫父母出塞時年十三弟實楚萍五歲矣父其字安城諸生也好節重義以友事累而徙於遼之寧古塔耕夫既壯家已覆毀走京師謀所以救父母者百方不就先遣弟出塞楚萍在襁褓中離親側二十年顏面皆不得知既至跪父母前自道其乳時之小名曰兒某也伏地不能起母驚而下土坑執其手上下其面目曰汝即某兒乃今成人耶於是母子抱持絕復甦自起作炊以刀割肉淚下齎胾餘問淛中消息內外親屬歡極而痛痛極而勸語中

勸全集作歡

夜不止骨肉之情、蓋若眞若夢者累日、楚萍踰年入關、耕夫誅終不得、亦出省覲自京師至山海七百里、山海至奉天八百里、又二百四十里至開元、所謂尚陽堡也、堡内尚有禾黍阡畛、瓦屋門巷、頗類北方小村離落、堡而東皆次蓬舍、鉅樹高嶺、荒草寒雲、與開元大異矣、開元至烏喇八站、約千餘里、混同江當烏喇前、怒濤洶奔、見者驚畏、耕夫哭曰、吾父母何不幸而遂至此極也、渡混同七站至寧古塔、亦約千里、安城在外久、將軍延教其子、將軍之子拜床下、諸少年無不拜者、安城自作屋、几案書籍、彷徊越中、尚十有二三、耕夫侍父母、暇即訪問金元遺跡、與明時設立奴兒干都司、領轄部落種族諸事、風俗物產、語言嗜好、靡所不記、耕夫歸數歲、安城卒於戍耕所、夫在都、旦日向諸

徜徊[illegible]應作

從事家叩頭請歸骨之例無能知者久始獲一卷案經營三載乃移柩入葬中土母氏七十之齡重歡子姓則耕夫此書讀者見序錄詳博備考邊塞而未知其飲泣年深亦不過發攄其沉痛無能如何之志而已

叙

榕陵潘耒

白山黑水之間在古爲荒服不隸版圖自遼金迭興

本朝復肇基其地疆里規畫之制寖詳然紀載疎畧志乘缺如邇來流人遷客頗多文士往往能言其山水風俗然未有考古證今箸成一書者以地荒民樸文獻無徵故也楊子可師才高識遠留心經世大略往年以省親出塞所過巖疆要地必停驂周覽從老校退卒詢訪墜聞逸事歸而攷之圖籍參之見聞爲柳邊紀畧五卷凡山川形勢障塞規模驛站道里三百八十衛二十四所三十六部落莫不詳稽而備載物産地宜民情土俗瞭如指掌可以攷典制可以攬形勝可以采風謠楊子經濟之畧著述之才槩見於兹矣夫盧龍古塞管幼安之所潛蹤田子春

之所樹績，而冰天雪窖之間，又洪忠宣、朱少章諸君子所效忠而竭節者。至若南關、北關、松山、杏山，諸用武地，殊有關於疆埸安危，國家成敗。是書之作，豈徒然哉！豈徒然哉！

叙

侯官林佶

福唐郭海岳盧龍塞略之作蓋嘉靖年間從戚少保繼光帷幄參謀為遼薊全盛金湯無缺之時也吳門楊可師柳邊紀略之作則康熙三十年間省覲荒徼感慨淒涼為

本朝混一區宇萬方臣妾之時也上距嘉靖兩朝百八十餘年來城郭非是何況人民遡遼自箕子朝周其後公孫慕容之世與中國作離作合至明太祖遣大將軍出塞經略鎮戍烽燧措置周詳迨成祖御極都燕寧藩內徙復棄三衛而屏翰單弱天子自為守蓋以一時之盛強而忘未雨綢繆之至計嗚呼有郭海岳不可無楊可師有盧龍塞略不可無柳邊紀略中外臣防俯仰古今其尤足慨也夫丁亥夏五月五日荔水莊主人記

柳邊紀略序　四

叙

北平王源

山陰楊耕夫省親寧古塔、歸著柳邊紀畧、使予叙、時予初交楊子、知其尚志、不事舉業、識高行謹、可倚重任、嗟夫、楊子尊人安城先生、以友誼赴難、罹奇禍不悔、即耕夫可知、獨是耕夫年十三、父母遠徙漠北二十餘年始得出塞一省、莽莽驚沙慘雪、恍惚如夢寐、形容莫辨、身世之痛、患難仳離、生死之故、摧裂肝脾、既復歡然聚首、窮荒絶域、無异家鄉相慰也、乃又不能久留辞去、嗚呼、天下之爲父子者至此蓋亦難矣、吾觀楊子所紀道里山川風土、上自遼金遺跡、下迄當代職官城堡軍糧之制、物産之殊、莫不畢載、夫古人箸書、必有其意、如謂瀋陽爲京、柳邊亦畿輔地、不可以無書、則非耕夫分所應爲、如欲天下傳爲博雅

之書、或正史氏之誣、若混同江棠馬上流、覺渡之類、耕夫應又

上流棠馬渡

無暇及、然則耕夫之意、將安在乎、噫、數十年士庶、徙茲土者、殆不可以數計、生雜牛馬、爲奴死、與山魈野鬼同其澌滅、人與地兩不相傳、如徽欽所徙五國城、究不知何處、況其他乎、安城先生爲守將所尊禮、其鄉化之、如管幼安、天下讀耕夫之書、始知其地之詳、并知其地之因先生而後顯、然則欲其地之因吾親以爲重、而非屑屑於殊方聞見以爲名者、耕夫意也、不然、其意將安屬哉、北平同學弟王源

自叙

中原土地之入郡縣者、其山川方域建置物產風俗灾祥之類、皆有文以書之書而不能盡與所不及書者、則徵之逸民遺老、所謂獻者是也文獻備而郡縣之誌成若乃不入郡縣之地雖聲教已通、而地土不毛人民鮮少、中原之人偶一至焉、皆出九死一生呻吟愁苦之餘、誰復留一字以傳、若冷山之枀漢記聞、五國城之南燼記聞、英宗北狩之革書、亦絕無而僅有之作耳、然南燼所載道里方域、與金史不同、又極詆朱后、前輩多言其僞、而松漠革書之所記亦甚寥寥、不足比於郡縣之志者何也、無文獻以助之也寧古塔在五國城冷山之閒、明時隸奴兒干都司、所謂不入郡縣之地、今雖與盛京脣齒、如豐沛之於竹芷、然耕者絶少、弥望無廬舍、常行數日不見一人、與前代等、康熙初、先子坐張魏之獄、徙於此、倡滿漢人耕与貫、而教之以禮義、若無所苦者、然九死餘生、加以國破家亡之感、憤懣抑鬱、發爲詩歌、往往驚其人、座不以爲恠、則以爲不祥、於是投筆焚硯、不復有所書、余年十三離先子、奉先王母於江淛間、喪葬訖、年已四十矣、然後出塞、居未數月、又以吏遣歸、當其出塞也、日有白雲親舍之思、而又陰風朔霰、皴皸其膚、耳鼻手指、一觸輒墮地、入阿稽、則萬木蔽天、山魈怪鳥、叫號應荅、喪人魂胆、斷冰古雪、縢樹石、不受馬蹄、馬蹶而仆者再、觸石破顱、血流數升而死、死半日乃復甦、甦从之猶不知在人世間、方是時、遼陽松杏大小凌河諸戰場、南北關、木葉老邊混同呼里改諸阨塞、皆跋涉於呻吟愁苦之中、及其至也、喜極而悲、日侍兩親供三十年子職於數月之間、尚何心求寧古塔之文獻而書之哉追後先子即世歸葬於中原回念耳目之所聞見有宜書者、衛所之設、雖自成宣英三朝、然中原無往者、傳聞多不詳、如長白山在寧古塔南、舊圖皆畫於其北、山半一潭周三十里弱、而大明一統志則云八十里、如此舛謬者甚多、更有求其舛謬而不可得者、一宜書、先子謫居久、變其國俗不異於管寧王烈之居東、寧古塔至今悲思之、二宜書、邊內郡縣、既有志矣、邊以外不設郡縣、無志、又無他所記載如松漠紀聞者、而余適過之、三宜書、文字雖無、而余所遇老兵宿將、其言有可采者、又先子至其地在三十年前、所見三十年前之老兵宿將、是即

柳邊紀略自敘　二

其地之獻也，而余亦淂聞其言於先子、四宜書、泉甘土肥、物產如參貂、非中國有、楛矢自孔子後誰復能辨之、地又在遼東三衛外可城郭、非他羈縻者可比、五宜書、夫地在異國、雖不宜書、好事者猶將書之，況有此五宜書、予又安敢不書、此柳邊紀畧之所由作也。柳邊者，插柳條為邊柳、猶古之種榆為塞、而以之名其書者、以柳邊為寧古塔境也，若黑龍江則附寧古塔者也，亦淂書、奉天則補其志之缺者也，亦牽連書之，而省覲之詩附焉、雖其山川建置、風俗災祥、率多未備、不敢比于中原郡縣之志，或以其出於呻吟愁苦之餘，而附于洪忠宣松漠紀聞之後，斯幸矣。大瓢山人楊賓、

柳邊紀畧卷之一

山陰　耕夫　楊賓　箸

自古邊塞種榆，故曰榆塞。今遼東皆插柳條為邊，高者三四尺，低者一二尺，若中土之竹籬，而掘壕于其外，人呼為柳條邊，又曰條子邊。

條子邊西自長城起，東至船廠止；北自威遠堡門起，南至鳳凰山止。按明時遼鎮邊墻，西北自長城薊鎮界鐵場堡起，至東北開原之永寧堡止，共六十八堡，邊長一千二百四十八里；東北自開原之鎮北堡起，至東南鳳凰堡止，共二十六堡，設邊長五百二十里。而今之興京、船廠，則皆明時邊外地也。

邊門二十一座：曰鳳凰城門，曰愛哈門，曰興京邊門，曰加木禪門，曰英額門，曰威遠堡門，曰發庫門，曰彰武臺門，曰白土廠門，曰清河門，曰九官臺門，曰松嶺子門，曰長嶺山門，曰新臺門，曰

舊校云通鮮二字不可解疑失一朝字遼陽東南蓋通朝鮮也　近見宿松朱

黑山口門、曰高臺堡門、曰平川營門、曰布兒德庫蘇把兒漢門、
曰黑兒蘇門、曰易屯門、曰發忒哈門、此　盛京志所載者也。而
會典則又稱西自長城起、東至喇林山止、設邊門十四座、曰名
水堂門、曰寬邦門、曰碾盤溝門、曰新臺門、曰松嶺門、曰九官臺
門、曰清河門、曰白土廠門、曰章古臺門、曰法庫門、曰布爾都庫
蘇巴爾漢門、曰黑爾蘇門、曰衣屯門、曰法忒漢門、北自威遠門
堡起、曰威遠門、曰英額口門、曰因登門、曰鹹廠門、曰靉陽門、曰
鳳皇城門、凡六門、共二十門、較之京志則少門一而不同者九
蓋志纂於康熙初、而會典成於康熙二十六年、是會典在後矣、
當以會典爲正、按明時遼鎮設關十、遼陽城東南百八十里通鮮者曰連山關、靉陽城北三里曰鎮朔關、瀋陽
城東北、撫順城東二十里建州互相市者曰撫順關、開原城東六
十里靖安堡地方曰廣順關、開原城東七十里彝人互市者曰

二十下似脫里字依朱鈔補

朱鈔本作朝鮮

堡二字朱鈔本無是

鎮北關開原城西六十里慶雲堡地方曰新安關廣寧城東北七十里彝人互市者曰鎮遠關廣寧城北八里曰分水嶺關金州城南一百二十里通海運者曰旅順口關海州城西南七十里海運船由此入遼河渚曰梁房口關設沿邊衛要堡一百有三曰錢場曰永安曰背陰障曰三山營曰平川營曰瑞昌曰高臺曰三道溝曰新興營曰錦川營曰黑莊窠曰仙靈寺曰小團山曰興水縣曰白塔峪曰寨兒山曰灰山曰穼山奇曰沙河兒曰長嶺曰椴木衛曰大興曰大福曰大鎮曰大勝曰大茂曰大定曰大安曰大康曰大平曰大寧曰大靜曰大清曰鎮奇曰鎮邊曰鎮靜曰鎮安曰鎮遠曰鎮寧曰鎮武曰西興曰西寧曰平洋橋曰東昌曰東勝曰長靜曰長寧曰長定曰長安曰長勝曰長勇曰長營曰靜遠曰平虜營曰上榆林曰十方寺曰丁字泊曰宋家泊曰曹暹曰鎮西曰彭家灣曰平定曰定遠曰慶雲曰古城曰鎮彝曰清陽曰永寧曰鎮北曰威遠曰靜安曰松山曰跕河曰撫河曰白家衛曰三垒兒曰曾安曰東州曰散羊峪曰馬根單曰三堵墻曰清河曰鹻場曰張其哈曰雙堆兒曰洒馬吉曰靉陽曰寬佃子曰長嶺曰散等曰長佃子曰劉官寨曰湯站曰鳳凰城曰青台峪曰鎮東曰鎮彝曰甜水站曰黃骨島曰歸服堡曰紅嘴曰望海窩曰鎮遠諸堡

每門設蘇喇章京一員筆帖式一員披甲十名

二

盛京城週九里三百三十二步明洪武二十一年指揮閔忠因舊址築四門
大清天聰五年增高一丈拓大三百步週共十里二百七十二步
康熙十九年築關墻週圍三十二里四十八步高七尺五寸門改爲八東曰撫近小東曰內治大南曰德盛小南曰大（天）祐大西曰懷遠小西曰外攘大北曰福勝小北曰地載外書滿文內書漢文不似今之滿漢左右書也城中有鐘鼓二樓百貨集其下
皇城在南門內規模雖小金碧亦可觀中宮曰清寧宮東宮曰關雎宮西宮曰麟趾宮次東宮曰衍慶宮次西宮曰永福宮樓曰翔鳳閣曰飛龍正殿曰崇政（正）殿大門曰大清門東曰東翊門西曰西翊門大殿曰篤恭殿東坊曰文德西坊曰武功江南道士苗焦冥君

崑繩云明失[illegible]東盡[illegible]當日邊[illegible]

稷守之時年八十餘矣城左有圓殿一正中脊高二丈基高尺許大如高之半左右小圓殿各五基与地等脊高丈許大亦半之

太祖率諸貝勒受朝賀處也

盛京西六十里有土墻基號曰老邊疑即明時失遼陽後邊墻

東北柳條邊內外設將軍三曰盛京將軍曰寧古塔將軍曰愛渾將軍即黑龍江將軍府尹一曰奉天府尹　盛京將軍奉天府尹所屬東至　興京西至山海關永平府界南至海北至發忒哈門柳條邊東北至威遠堡門設京二曰　興京周秦屬肅慎氏漢晉屬挹婁隋屬高麗唐初置燕州後為渤海大彝震所據改屬定理府遼金屬瀋州明屬建州右衛在邊外名黑圖阿喇城　大清發祥地天聰八年改為天眷興京曰　盛京禹貢屬青州虞營州地商屬肅慎氏周屬朝鮮秦遼東郡漢遼東樂浪元菟三郡地明帝末為烏桓鮮卑所據獻帝初平三年屬公孫度遼東郡地初平末屬曹操晉改遼東郡為國領縣八後魏仍為遼東

三

郡隋没於高句麗唐高宗平高句麗置安東大都護府元宗時屬渤海郡王大祚榮渤海郡地後十二世孫彝震僭號建定瀋二州屬定理府遼屬東京昭惪軍金屬東京顯德軍元初爲瀋州後改瀋陽路屬遼陽行中書省明洪武二十年建瀋陽中衛大清天聰八年改爲天眷盛京順治元年裁衛所設駐防官兵

府二

曰奉天府即盛京順治十四年設

曰錦州府禹貢屬冀州虞夏屬幽州商屬孤竹国周屬燕秦遼西地漢無慮望平縣地屬遼東郡幽州刺史領之晉慕容氏西樂郡唐柳城縣屬營州遼金錦川臨海軍隸中京大定府元省軍縣名心稱錦州隸大寧路明洪武二十六年建廣寧中左屯衛大清康熙三年改錦州爲錦縣康熙四年乃置錦州府

州三

曰遼陽州周朝鮮解界戰國燕地秦漢屬遼東郡東漢改遼陽縣屬元菟郡魏屬遼東郡晉屬襄平隋屬高句麗唐遼州屬安東大都護渤海改屬東平郡遼初建東平郡號南京後改爲東京遼陽府金東京元遼陽行中書省明洪武四年置定遼都衛遼東衛八年改定遼都衛爲遼東都指揮使司十年改遼東衛爲定遼後衛陛前千戶所爲定遼前衛左千戶所爲定遼左衛十七年建定遼中衛十九年建東寧衛永樂七年建自在州大清順治元年裁諸衛十年置遼陽府遼陽縣十四年除遼陽府名康熙四年改縣爲州屬奉天府

曰寧遠州商孤竹国城周屬燕秦屬遼西郡漢海陽縣地屬遼西郡晉慕容皝置集寧縣唐瑞州遼隰州平海軍海

陽縣地屬來州金海陽海濱二縣地屬瑞州元瑞州地屬大寧路明初本廣寧衛地宣德三年分置寧遠衛大清順治元年裁衛康熙三年置寧遠州屬錦州府曰錦金州周秦朝鮮界本辰韓地漢屬元菟郡晉屬高句麗唐初置金州統之後渤海屬杉盧郡遼復州化成縣後改金州屬薊（蘇）州安復軍元初屬蓋州路後併入遼陽路明洪武四年置金州衛而中左所則在旅順口大清順治元年裁衛所十年復爲金州屬錦州府縣七曰承德奉天府附郭曰海城周秦屬朝鮮本古南沃沮國漢初屬元菟郡後改屬樂浪都尉東漢置都尉仍封沃沮爲侯國魏屬平州晉屬高麗隋屬高麗爲沙畀城唐李勣平高麗改置蓋州以統之渤海大氏以爲南京南海府遼海州南海軍隸東京金澄州隸東京元屬遼陽路明洪武九年置海州衛大清順治元年裁衛十年置海城縣屬奉天府曰蓋平周屬朝鮮本辰韓地秦燕人衛滿所據漢屬元菟郡魏屬平州晉屬高麗隋蓋年縣唐蓋州屬安東都護渤海大氏改爲辰州遼辰州奉國軍隸東京金蓋州奉國軍隸東京元初置蓋州路後并入遼陽路明洪武九年置蓋州衛大清順治元年裁衛康熙四年置蓋平縣屬奉天府曰開原周秦肅慎氏地漢晉隋屬扶餘國唐渤海扶餘府遼屬龍州黃龍府隸東京金屬隆州利涉軍隸上京會寧府元初設開原南金京二萬戶府治黃龍府至元二十三年改開原路明洪武十一年建遼海衛二十二年建三萬衛永樂七年建安

四

樂州、　大清順治元年裁衛康熙四年置開原縣屬奉天府、曰鐵嶺、周秦肅慎氏地漢晉挹婁地、隋越喜國地、唐渤海改爲富州屬懷遠府遼銀州富國軍金新興縣隸咸平府元省縣隸如故明洪武二十一年建鐵嶺衛　大清順治元年裁衛康熙四年置鐵嶺縣屬奉天府、曰錦、錦州府附郭、曰廣寧、周初朝鮮界後屬燕秦屬遼西郡、漢東南爲無慮望平二縣地、屬遼東郡西北絫縣地、屬遼西郡東漢屬烏桓晉屬平州隋屬高麗唐置巫閭守尉都護府遼東南爲顯州奉先軍屬東京西北爲宜州崇義軍屬中京金置廣寧府又義州崇義軍元置廣寧府路義州因之屬大寧路明洪武二十五年封建遼王、置廣寧護衛二十六年改爲廣寧衛又置廣寧前屯衛、廣寧右屯衛二十七年又置廣寧中護衛二十八年置廣寧左右護衛永樂中徙封遼王於湖廣改中護衛爲廣寧中衛左護衛爲廣寧左衛右護衛爲廣寧右衛　大清順治元年悉裁衛所康熙三年置廣寧縣屬錦州府城一曰鳳凰、周秦朝鮮界本濊地、漢屬元菟郡晉隸平州隋屬高麗慶州地、唐平高麗屬安東都護後渤海據爲東京龍原府、遼開州鎮國軍屬東京金石城縣地、屬東京元屬東寧路明初爲鳳皇城堡嘉靖三十七年因巡按李輔條議移置定遼右衛　大清順治元年裁衛仍稱鳳皇城康熙二十　年駐滿兵一千名屬　興京以上皆入版圖、寧古塔將軍所屬東至海、東南至希喀塔山海界、東北至飛牙喀海界、西至威遠堡　盛京界、南至土門江、朝鮮界、北至發忒哈邊、婁渾將軍所屬、東至海、西至你不楮阿羅斯界、南至寧古塔界、北至海、以上不設郡縣、無版圖、羈縻之國居多焉、

明時遼鎮建敵臺一千三百三十三座、東路馬根單等七堡、四十九座、西座長勇等七堡、八十二座、寬佃子等十四堡、七十四座、開原十一堡、一百十八座、中固三城堡、二十九座、鐵嶺等六城堡、三十五座、汛河等三城堡、一十六座、懿路三城堡、二十一座、瀋陽六城堡、三十九座、靜遠等五堡、六十一座、鎮武等五堡、五十九座、正安等八堡、七十九座、義州等十二城堡、一百二十座、錦州等十一城堡、九十七座、寧遠等二十一城堡、一百五十五座、前屯等二十九城堡、一百一十六座、廣寧右屯等四城堡、十一座、金州等二十五城堡、九十五座、復州等六城堡、二十九座、盖州等二十七城堡、八座、海州等四城堡、四十四座、路臺二百二十八座、遼陽等十二城堡二十四座、開原等十一城堡、七座、中固等三城堡、四座、鐵嶺等六城堡、七座、汛河等三城堡、八座、懿路等三城堡、十座、瀋陽等六城堡、七座、靜遠等六城堡、五座、

五

西座似誤
應作路

鎮武等五城堡、二十七座、義州等十二城堡、八座錦州等十一
城堡、一十七座、寧遠等二十一城堡、三十二座前屯等二十九
城堡、三十六座、右屯等四城堡二十
四座海州等四城堡、一十二座　當初建時量地衡緩緩者
五里一臺衡者二三里一臺而所謂路臺者高三丈五尺周圍
四十丈體圓、以大磚為之上置舖樓垛口每臺設守軍五名專
納行李居民之遇敵者也今自山海關至寧遠州依然星羅碁
布、完好若新、自寧遠州至奉天府、或五里一臺、或十餘里一臺、
明啟禎朝為　自奉天至威遠堡柳條邊則數十里一臺而又殘
大清所毀
毀過半、土人云、天聰間增城奉天取材於此故也
山海關唐太宗時築城五所謂五花城是也元時為遷民鎮明
洪武十四年、大將軍徐公達建山海關城堡一座周九里、高三
丈五尺又建山海衛、領所八、設指揮十三員、千戶十九員、百戶

二十三員、鎮撫二員、經歷一員、宣德九年、置守關兵部分司、設主事一員、嘉靖四年、設巡關御史一員、隆慶二年裁革、三年建山海關營、屬薊鎮、設參將一員領、中軍一員、千把總五員、額兵一千四百一名、尖哨三十名、夜不收三十名、額馬騾二百匹頭、關外即屬遼鎮、設二十五衛、（曰定遼中衛、曰定遼左衛、曰定遼前衛、曰定遼後衛、曰東寧衛、曰定遼右衛、曰海州衛、曰盖州衛、曰復州衛、曰金州衛、曰廣寧衛、曰廣寧左衛、曰廣寧右衛、曰廣寧中衛、曰義州衛、曰廣寧左屯衛、曰廣寧右屯衛、曰廣寧中屯衛、曰廣寧前屯衛、曰廣寧後屯衛、曰寧遠衛、曰瀋陽中衛、曰鐵嶺衛、曰遼海衛、曰三萬衛、）分屯重兵、（明初設兵一十九萬二百餘名、萬曆初存橾兵八萬六千六百後東事亟、聚松杏間者遂至十三萬有奇、遼陽大淩河失後、尚有十一萬一千二百餘名、）則此關固東北一咽喉也、額曰天下第一關、有自來矣、今則設和敵大一員、佐領八員、驍騎八員、兵三百六十四名、移永平府通判一員、訊過客、揆參貂而已、（明制參貂材木魚鮮）

六

之類皆有禁條凡出關者、旗人須本旗固山額真送牌子至兵部、起滿文票、漢人則呈請兵部、或隨便印官衙門、起漢文票、至關、旗人赴和敦大北衙記檔驗放、漢人赴通判南衙記檔驗放、或有漢人附滿州起票者、冒苦獨力等輩、至北衙亦放行矣、進關者、如出時記有檔案、搜檢參貂之後、查銷放進、否則漢人赴附關衙門起票、從南衙驗進、旗人赴北衙記檔即進、蓋自外入關、旗人便于他時銷檔而出、不必更起部票也、至於人參、惟

朝廷及王公歲額得入、入者死、餘皆不得入、入者死、是以參賈不敢公行、向賂守者、或夜踰城入、或晝匿草車糧車詐入、康熙己巳庚午間、

天子屢責守關吏、或死或徙、賂不行、乃從他口入、亦有從海自天

津登州來者矣、而關口之搜檢愈嚴、雖褌中不免貂禁稍寬、然恐其攜一等貂來、貢貂分三等過必查閱、少而醜則已、多且佳必解部、挍一等者送内務府、餘則官賣價給主、

長城東盡處曰大龍頭、西盡處曰大龍尾、皆有石碑刻大字嵌城上、大龍頭土人呼爲老龍頭、上有望海樓、或有游宴其中者、樓前有石碑、大書一勺之多四字、

山海關外三里曰悽惶嶺、又曰歡喜嶺、蓋東行者至此而悽惶而西還者至此則歡喜也、又五里曰毛家山、南即望夫石、貞女祠在其上、余驟馬觀之、像一婦木龕中、作悽惻狀、乃所謂許氏孟姜者也、有聯云、秦王安在哉、萬里長城築怨、姜女未亡也、千秋片石銘貞、祠南里許爲姜女墳、或曰墳在海中不可即、

七

松山杏山城皆

大清蹋毀杏山城外有古壕三道同行老滿洲曰此我輩圍城時所掘也按明崇禎十四年即崇德六年錦州松杏皆被掘壕圍困錦州困最久松山七月杏山兩月今他處無迹而杏山獨存何耶

十三山在錦縣境內醫巫閭山南去大淩河三十里直十三站遼顯州地也遼史世宗置顯州以奉顯陵顯陵者東丹人皇之墓也人皇性好讀書不喜射獵購書數萬卷置醫巫閭山絕頂築堂曰望海州在山東南山不高大而峰有十三鋒稜若削離立如人扈從東巡日錄所謂若研山者也上有潭下有洞可避兵金太常蔡珪詩云閭山盡處十三山溪曲人家画幅閒高供奉士奇康熙壬戌四月壬寅扈從過此猶見山下人家但無溪水今則併無人迹矣

古咸州、應在開原站威遠堡之間、按松漠記聞咸州至瀋州二百十里、今自奉天記里至開原站、得二百五里、雖古今道里未能盡合、然大要不甚相遠也、

黃龍府　盛京志作開原縣、按金史地理志天眷三年、改黃龍府為濟州、而婁室墓碑載室葬于濟州之東南奧吉里、今其墓在船廠之西二百里之薄屯山、則當日黃龍府治應在今石頭河雙陽河之間、又松漠紀聞黃龍府南百餘里曰賓州、州近混同江、其說亦合、若開原則去混同江六百餘里、金太祖安能一渡江即據有之耶、

八

也合老城、在驛路旁、新城亦可望見、俱無人迹、余同行鑲白旗擺牙喇常明、新城貝勒後也、謂余曰、我國因兄弟不睦、各據一

城自相殘殺，又政由婦女，以致滅亡。常明之父白二格，年八十餘，少時爲太宗臂鷹，今以罪流寧古臺，猶能言舊日事，惜老病，又不通漢語，不能詳問之也。或曰前大學士明公珠，老城貝勒後云。

船廠即小吳喇，南臨混同江，東西北三面舊有木城，北二百八十九步，東西各二百五十步，東西北各一門，城外鑿池，池外築土牆，周七里一百八十步，東西門各一，北門二，康熙十二年建造。今皆圮，惟東西北三木樓在耳。康熙十五年春，移寧古塔將軍鎮之，中土流人千餘家，西關百貨湊集，旗亭戲館無一不有，亦邊外一都會也。

船廠設于順治十八年，昂邦章京薩兒吳代造船于此，所以征俄羅斯也、而鄞縣萬季野以為即明永樂間船廠、永樂間發匠卒數千造舡將以開邊、未幾成祖崩、仁祖即位罷歸、宣德時又造、宣宗崩乃終罷、余初未以為肰、既而至寧古塔、聞前省中陳敬尹曰、吾初至小吳喇、尚無造船之舍、而穿井輒得敗船板、及鏽鐵釘、又井水或鐵臭、季野之言乃信、

吳喇囫舊城、人號大吳喇、以今之船廠亦名吳喇故也、週十五里、四門、內有小城、周二里、東西各一門、中有土臺城、臨江、江邊有菴曰保寧、

長白山、土名歌爾民商堅阿隣、山海經作不咸山、魏書及北史皆曰徒太山、唐書作太白山、或又作白山、在烏喇南千三百餘里、高二百里、橫亘五之、無樹木、惟生叢草、草多白苍、山半有石臺、可四望、山巔積雪皚皚、五峯環峙、南一峰稍下如門、中有潭、周二十五里、大明一統志云、周八十里、盛京志云、四十里、吳漢槎長白山賦自註云、形如豕臂、縱餘五里、橫八里、峯頂至潭二百五十丈、康熙十六年丁巳、寧古塔副都統薩不蘇 九

奉 旨丈量得此數、潭水南流入海者三、曰土門江、曰鴨綠江、曰佟家江、北流者五、曰賽因納因河、曰額黑訥因河、曰昂邦土拉庫河、曰娘木娘庫河、曰阿脊革土拉庫河、而揔滙于混同江、康熙三十年辛未刑部尚書圖納奉旨往繪全圖、金大定十二年、即山北建廟、冊為興國靈應王、明昌四年、冊為開天弘聖帝、今康熙十六年遣官確勘、內大臣覺羅武

等謹題為遵旨看驗長白山事、康熙十六年四月十五日、內大臣覺羅武、一等侍衛兼親隨侍衛首領臣耀色、一等臣侍衛臣塞護礼、三等侍衛臣索 奉

上諭長白山係本朝祖宗發祥之地、令乃無確知之人、爾等四人、前赴鎮守兀喇地方將軍處、選取識路之人、往看明白、以便酌量行礼、臣等錄遵 上諭、于五月初五日起行、本月十四日至

盛京、十六日由 盛京起行、本月二十三日至兀喇地方、轉宣

上諭于將軍等、隨查兀喇寧古塔及兀喇獵戶所居村庄等處、俱無確知長白山之人、僉云曾遠望見、惟都統尼雅漢之宗族裁繆布魯原係採獵之人、今已老、退閒居、稱我輩原在額恭訥陰地方居住、我雖不曾躋長白山之巔、曾聞我父云、如往獵於長白山腳、獲鹿肩負以歸、途中三宿、第四日可至家、以此度之、長

白山離額萊訥陰地方不甚遙遠我不知路其他等語回訪問雖
不曾至長白山如赴額萊訥陰地方水路發日可至陸路幾日
可至亦有知額萊訥陰地方陸路之人吞據管獵戶嘴喇大額
萊等口稱如察馬由陸路前赴額赫訥陰地方十日可至如乘
小舟由水路而往途中全無阻滯二十日可至倘遇水漲阻滯
難計日期獵戶喀喇訥者知路或三十日至陸路等路臣等
隨議每人攜三月糧往又思赴赫月盡方或馬倒未斃不出
歸家日有定隨語守寧古塔將軍巴一載船海云於大等
萊訥亦不可領倘輩米盡以便於彼處用取海訥陰船額
不能陸地方里河大處當即載來十七小至可領萊大於地
方豫過松阿即擬月能初即日起行又思水路我而倘陰遇
水漲阻臣等臣時六不即二日與嘴喇大再由約而輩察
馬匹倫滯稽由陸往看看過回長白山時由水布路逆六流
而上舁赴額萊訥陰地方約定臣等帶領國山大薩布素於六
月初日起文悳佛甫阿河庫勒法訥林初尓薩八巴河河
沱河沙布布丹佛輝林方發江法河木林方尓布陰巴
河河大渾河阜莅處窩方發江林和訥阿河木敵江山千不意
嘴納大額萊而行途半七日至齊陰至因語國山大意
布喇毋額察小舟中逆行等自至陰山於國汝帶領領官
素馬我察等流江舟日由多赴和順至地方前來方額薩
匹相由瓦定河遣逆去後臣等於十一日至額黑納陰地方國
大陰薩布素等初十日已至回前至無路一望林木臣等與國
十

山大薩布素商議令薩素布素閒散章京喀達與識路遥之喀喇帶領每旗甲士二名前行代木開路并諭如望見長白山可將行幾日方得望見有幾許路程相度明確來報我輩住二日亦即起行矣隨于十二日遣數前行去後本日據固山大薩布素差人頗素前來報稱我等別大人們行三十里至一山頂上望見長白山不甚遙遠似止有一百七八十里等語又續差父喀來報稱先差人來後又至一高山頂上望見長白山甚明約有百餘里山上見有片片白充等語臣等起未有兩水之時急往看驗長白山因留噶喇大嶺赫督捕珠畔於十三日起行十四日與固山大薩布素等會於樹林中揣摩開路前進十六日黎明聞鶴鳴六七聲十七雲霧迷漫不見山在何處因向鶴鳴處尋路而行適遇路蹊由此前進直至長白山腳下見一處周圍林窩中央平地而圍有草無木前面有水其林離住札處半里方盡自林盡處有白樺木宛如栽植香木藪生黃花燦爛臣等隨移于彼處住札步出林外遠望雲霧迷山毫無所見臣等近前跪誦　綸音禮拜甫畢雲霧開散長白山歷歷分明臣等不勝駭興又正値一路可以騎攀中闊有平坦勝地如築成臺基遙望山形長闊近觀地勢頗圓所見片片白光皆冰雪也山高約有百里山頂有池五峯圍繞臨水而五碧水澄清波紋蕩漾殊爲可觀池畔無草木臣等所五山峯去池水約有五十餘文地周圍寬闊約有三四十里池北岸有五熊望之甚小其繞池諸峯勢若傾頹頗駭瞻視正南一峯較諸峯稍低宛然如

門池水不流山閒處處有水由左流者則為扣阿里兀喇河右流者則為大訥陰河小訥陰河繞山皆平林遠望諸山皆低相視畢禮拜下山之際岸頭有鹿一羣他鹿皆奔獨有七鹿如人推狀自山峙陸續滾到山下閒敬章京畢楊武里等駐立之處臣等不勝駭異因思正在乏食此始山靈之賜與　欽差大臣者隨望山叩謝收其七鹿臣等上山之時原有七人也自得鹿之處退至二三十步回首瞻望又忽然雲霧迷山臣等因清淨勝地不宜久留于十八日言旋回見先望見長白山之處因雲霧朦朧遂不得復見山光矣二十一日回至二訥陰河合流之處二十五日回至恰庫河此河乃訥陰東流會合之所二十八日正行之際適領到　勅旨臣等不勝歡忭捧讀　勅旨感激靡盡當經叩頭謝恩訖二十九日因馬疲不堪馳驅自恰庫河由水路乘小舟而歸經過色克騰險處白黑險處噶爾漢險處噶大渾險處薩滿險處薩克錫險處德克錫險處松阿里大險處以及多渾險處乘一葉小舟歷此大江九險得以無恙而渡者皆仰賴　皇上洪福之所致也七月初二日回至兀喇地方又往看寧古塔等處地方于本月十二日至寧古臺偏看會寧府等處地方畢于七月十七日自寧古塔起行八月二十一日抵京師

十七年己未遣官致祭照明初封五嶽例前代封嶽皆稱帝明太祖以己起自布衣不敢妄加號因改稱其山之神封冊為長白山之神初於寧古塔西南九

十

里溫德恒山致祭、今改於船廠城外、春秋仲月初旬、寧古塔將軍主祭、盛京禮部遣官讀祝文贊禮、按會典、陳設帛一、柱香一、酒三爵、牛一、羊一、豕一、登一、籩豆各十、簠簋各二、

泠山、宋洪忠宣公皓所居也、余於必兒漢必拉北望相去約數十里、見其積素凝寒、高出衆山之上、土人呼爲白山、以其無冬夏皆雪也、宋史忠宣本傳、泠山地苦寒、四月草生、八月已雪、穴居百家、陳王悟室聚落也、松漠紀聞泠山去燕山三千里、去金所都二百餘本傳、雲中至泠山行六十日、距金主所都僅百里、去寧江州百七十里、扈從東巡日錄、曷木逊邏即俄莫賀索落站東北二百餘里爲泠山、余雖未至其山、然以古今道里合之、其爲泠山也無疑、

尚陽堡在開原縣東四十里、安置罪人、始於天聰七年八月、按實

錄黑圖阿喇獲明盜參人以其餘党發尚陽堡後以爲例自順治末改發寧古塔康熙初又增舡廠黑龍江席北白登訥即有仍照舊例發尚陽堡者亦止居于奉天府城而尚陽堡爲墟矣

寧古塔周曰肅慎氏漢曰挹婁六朝屬勿吉在白山拂涅二部之間按太平寰宇記及北史勿吉有七種其一曰粟末部与高麗接其二曰骨咄部在粟末北三曰安車骨部在骨咄東北四曰拂涅部在骨咄東五曰號室部在拂涅東六曰黑水部在安車骨西北七曰白山部在粟末東南今以古今地勢攷之在白山拂涅之間唐初屬黑水靺鞨後屬渤海宋曰生女眞女眞本朱里眞之訛後避契丹興宗諱改爲女直金曰鶻里改路元曰呼里改萬戶府屬合蘭府水達達路按水達達所屬軍民萬戶府五曰桃溫曰呼里改曰斡朵憐曰脫斡憐曰孛苦江分領混同江南北之民明屬奴兒干都司寧古塔之名不知始於何時寧古者漢言六塔者漢言個相傳有老者生六子遂以之名其地有指爲六

土

祖發祥之地者非、按六祖長曰德世庫、次曰劉闡、次曰索長阿、次曰覺昌安、即　景祖也、次曰包朗阿、次曰寶實、德世庫居覺尒察、劉闡居阿哈河洛、索長阿居河洛噶善、　景祖居祖居黑圖阿喇、即今之　興京也、包朗阿居尼麻喇、寶實居章甲、近者相距五里、遠者二十里、曰、號其人曰寧古塔貝勒、与以之名地者不同混同江、一名粟末江、又名速末江、又名宋瓦江、又名松花哩烏喇、松花哩者漢言天、烏喇者漢言河、言其大若天河也、混同江之名、改於遼聖宗四年、其源發於長白、北流遶船廠城東南出邊、受諾尼江東注、北受黑龍江、南受烏蘇里江、曲折流入大東海、其在船廠東南者、闊三十丈、魏書勿吉傳國有大水、闊三里餘、名速末水、余去時爲己巳十月二十一日、江水已冰、椉車過、是日晴和冰少融見底土、余疑爲江底、土人曰、江深二丈餘、冰上積土、土上復冰、今所融者土上冰耳、歸時爲庚午二月二十一日、流澌蔽江鋒甚利舟不肯渡余策馬從亦拉江涇涉亦拉者漢言三也蓋尼失哈站下流兩沙洲分江水爲三故以此名水僅没馬腹余所之乘僕高麗馬則没頸因念金太祖乘赭白馬涇涉水及馬腹平平耳何神異之有（冬雪多則春夏融流水大否則小余適當己巳冬無雪故可涇涉云）尼失哈站南山上有潭産小魚魚皆逆鱗人不敢食尼失哈者漢言小魚蓋地以物名者也

遼河套在開原西北舊顯州城下水甘土厚平地不下萬頃明宣德以前皆屬邊内自畢恭立邊墻後遂寘境外嘉隆間漸爲福餘衛頭目所據天命四年

太祖既擒介賽（一作宰賽）貝勒喀尔喀（即福餘衛部落後）舉部北徙此地遂成甌脱慴乎不寘邊内以之屯種也

圭

遼東金州旅順口距山東登萊甚近順風揚帆一日夜可达明皆運糧運餉往往由此若永樂宣德間海運則自旅順口逕达開原城西老米灣舊迹猶存可得而攷也

古寧江州應在今厄黑木站扈從東巡日録指爲大吴喇者非是按松漠記聞來流河去混同江百十里而来流即在寧江州西金太祖紀十月朔克寧江州戯次来流城可塞今去混同江東百十里者正厄黑木站第不知何水爲涞流河故蹟若大吴喇則在混同江邊何百十里之相去耶

邊外多山戴沙土者曰嶺如歡喜嶺盤頭嶺之類戴石者曰拉亦作磖如拉伐必兒漢必拉之類平地有樹木者曰林如惡林王家林之類山間多樹木者曰窩圃亦曰阿机　盛京志作窩

之類下朱鈔本有金史作哈丹五字

二十應作四十乃合癸丑若二十一年則癸巳也

集寔錄作乙集秋笳集作烏䐁如郝木窩稽色出窩稽溯尓賀綽窩稽之類瀑布曰蔟庫平地曰甸子亦作佃子如寬佃子張其哈喇佃子之類坡陀曰阿懶山之銳者曰哈达（达讀作平聲）如山陰哈达之類

席百一作西北又作席北在船廠邊外西南五百餘里土呫自言与滿州同祖而役屬于蒙古（蒙古之名始于元唐書作蒙兀部宋作育骨子契丹吏迹作朦骨國之科爾沁一作玫兒越与察哈爾虎墩兔同祖住牧東北邊外去建州最近明萬曆二十一年癸丑九月其長瓮阿代貝勒莽古思貝勒明安貝勒同葉萘等八國之師犯興京敗遁遂明安貝勒以女進 太祖莽古思貝勒以女進 太宗遂為外藩四十九旗之長）凡自舩廠逹罢兒根愛渾罢莅江者由此按天聰八年十一月胃奇蘭等延罢莅江命由科爾沁圖舅呉克善（莽古思貝勒之子）所屬之席北綽尓門地方經過則為東北衝途也久

古

矣特以地屬外藩公行刼奪而莫能禁行旅每視爲畏途耳

黑龍江即薩哈連烏喇源出塞北愛渾一作艾渾城在船廠東北後魏時曰黑水部屬勿吉唐曰黑水靺鞨賓黑水府唐開元十六年以其部落都督賜姓名曰李獻誠授雲麾將軍兼黑水經略使金曰合懶路元曰合蘭府水達達路合蘭府設軍民萬戶府五曰桃溫曰胡里改曰斡朵憐曰脫斡憐曰孛苦江分領混同江南北之民錢糧戶數共二萬九百六明曰黑龍江忽黑平寨清天命元年八月

太祖命達爾漢順科落巴圖魯征之江水每九月始冰皆流澌忽合若浮梁遂濟取屯寨十一後朝貢爲羈縻園康熙十三年始築城二十二年設將軍一員梅勒章京三員滿洲一水手一索倫一滿洲披甲千人索倫披甲千人所謂黑龍江新披甲是也凡強盜竊盜免死者皆給爲奴大舡四十苍船七十槳船十七而以船廠寧古塔流人爲水手挐兒各八百四二十四人

二十九年將軍統其半駐墨兒根以衛索倫索倫者屬國也按寔
錄天聰八年五月黑龍江索倫頭目巴爾達齊來朝貢貂皮十
月巴爾達齊又率京古齊哈拜孔恰泰吳都漢內萊徹特白哈
爾塔等朝貢其未附屯塞則于崇德四年十一月遣曹海等六
年七月遣席特庫等會蒙古敖漢奈曼吳喇忒四孚諸部兩度
征之乃
爲屬國產羨貂號索倫皮與西北阿羅斯爲隣
阿羅斯一作俄
洛斯即羅剎邊
外呼爲老鎗爲人深目碧瞳隆準黃亂額長身多力而好睡睡
輒不即慙長于步异善鳥鎗不畏弓矢矢着身身徐徐拔之相視
笑自言自開鬪至　今皇帝之丁卯共七千九百十有四年其
荚畀幼見尊長去帽俛首先指左右肩次指左右膝或曰先指
領次腹次右肩次左肩西洋所謂反十字也最奉佛見必俯而
哭或曰非佛也奉者天主俯伏而哭有天主之妓也其屋室正
方上下四菊皆板其器精巧類西洋其帽青頂縫貂于內外綴
珠瑞珊瑚或用猩猩毡縫貂其服方領小袖袍長掛賤者着采
羅屋貴者貂銀鼠襍錦蒙其表綴珠寶珊瑚金劉鑽于邊而絶
少紬緞其錢銀質無肉好大若衣乎卒重一分陰作交戟或人
馬形陽則其國書也若梵經一錢上必書數十字不可辦或曰
文字用臘庄諾話臘底諾者西洋諸圍之官話也其命厚若山
西毛頭大減十之三散脆中有暗苍若戈戟之狀色白其菜並
若萬苣而短菜若蔓包者白舒者青魚腥臭食之味淡其所食
圭

西陲今略南豐梁份質人所撰凡五卷今世傳鈔本秦邊紀略即是書之節本也吳曉鈺云

朱鈔本作得

多虛糕、如今之西洋餻、者、而色純白軟潤、經月不硬、其國都相傳在正西之北高海中、水陸曉稙行十三閱月、乃至雅克薩城而畜陲黔署以爲在金山西北、七日出塞紀署以爲漢之堅昆唐之黠戛斯、又曰紇吃斯、王秋潤玉堂嘉語則以爲古烏豨即今斡落絲、余以滿音叶之、此音本在烏斡豨絲之閒、而無適合之字、譯者不得巳以已音之相近者當之、中原譯者音陸地變、以訛傳訛、名稱遂異、不知其国固二千年如一日也、余向見秋筎集作烏豨以爲非後從塞外見其國人狀額皆与顏師古注烏豨者合、因復疑之、今得秋潤始悅然、矣至於地之方伍、路之遠、肯余不暇辨之

康熙四年乙巳阿羅

今字下似有脱字

鏡泊也中有三山曰俄莫賀昂阿山阿克善山牛朵山阿克善牛朵兩山之間有巖曰白巖湖之西南虎兒哈河東流入湖之處有崖曰呼兒兒崖湖水東注飛瀑躍空金呼里改江也闊二十丈源出色出窩稽繞寧古塔西南東北折入混同江滙罠苣奔浪雷吼聲聞數十里土人呼為發庫

烏蘇里二江入海其水色白味甘在第二泉上飲之益人精力或曰參水也故能然

寧古臺西八十里有大石曰悳林天東小記作烏黑法喇在萬山中廣二十餘里袤百餘里其平若砥色或青或黑或紺或若龜文或若羊肚又復嵌空玲瓏馬蹄鬖鬖肰若行鼓上而曲池橫沼志所稱如井如池如盆盂者盛京志孔洞大小不可數計或圓或方或六隅八隅如井如盆如池或口如盂而中如洞深或丈許或數尺中有泉或生魚或生草木莫不凍魚鱉焉

寧古塔城舊在覺羅城北五十二里康熙五年移於覺羅新城西

廿六

南、（去魁羅城八里）今梅勒章京所居者新城也、新城建、舊遂廢、人呼之爲舊街上、寧古塔四面皆山、虎兒哈河繞其前、木城周二里半、東西南各一門、外爲土戧、土戧本周十里、四面有門、今皆圮、惟臨河西南面壁立耳、公衙門及梅勒章京居在木城內、餘官兵及民皆散住東西南土城內、合計不過三四百家、屋皆東南向、立破木爲墻、（金志、以木爲墻壁）覆以莎草、屋二尺許、草根當檐際若斬綢、大索牽其上、覆壓以木、蔽風雨、出瓦上、開戶多東南、（金志、獨開東南一扉）土炕高尺五寸、周南西北三面、空其東、就南北炕頭作灶、上下男女俱（各）居炕一面、（金志、穿土爲床、熅火其下、而寢食起居其上）夜卧南爲尊、西次之、北爲卑、曉起則疊被褥、置一隅、覆以氈或青布、客至共坐其中、不相避西南隅皆如炕大、糊高麗紙、寒閉暑開、兩廂為碾房為倉房（滿語曰哈勢）為樓房、（用貯食物）四面立木若城、（名曰障子）而以柵為門、（金志、聯木為柵）或編樺枝或以橫木、廬舍規模、無貴賤皆然、惟有力者大而整耳、

自混同江至寧古塔、窩𩨷凡二、曰那木窩稽、（一作諾木阿机、又作納木阿机、明初寅納木河衛、萬曆三十八年庚戌十一月大清命額宜都取之）曰色出窩𩨷、（一作色出阿机盛京志作色齊窩集）那木窩稽四十里、色出窩稽六十里、各有嶺界、其中萬木參天、排比聯絡、間不容尺、肯有好事者、伐山通道、乃漏天一綫、而樹根盤錯、亂石坑呀、秋冬則冰雪凝結、不受馬蹄、春夏則高處泥淖數尺、低處滙為波濤、或數日或數十日不乾、蚊蝱白戟之類、攢嚙人馬、馬畏之不前、有從者、乃焚青草聚烟以驅之、夜據木石燎火自衛、山魈野鬼、嘯呼騰人、心膽餒則咽乾糧、或射

禽獸燒而食之糧盡又無所得久之水不涸則死矣凡入窩稽者必掛一物於樹言笑不敢苟若齋然否則多蹭蹬或曰山神爲祟云扈從東巡日錄云烏稽中皆喬松及樺柞樹間有榆椵鱗接虬蟠纓山帶澗蒙密紛糾白晝晦暝霜旦葉凋畧見曦月樹根亂石礫硊錯落糾無道路供奉財之傳聞記載雖不甚詳然其大概畧可想見矣自山海關至十三站連崗複嶺無徑寸之木自十三站至奉天平壤爲多自奉天至柳條邊山野相錯或斷或續自柳條邊至混同江崗嶺似十三站西而草木則隨地皆有自混同江東居失哈站至必見漢必枕半屬窩稽崎嶇陰慘不類人間至沙關則又別有天地而寧古塔尤佳憎四山樹木爲居人所伐鬱葱佳氣不似昔年耳

寧古塔西南六十里沙蘭南有舊城址天東小記作火茸城大與今京城

等、內紫禁城、石砌女墻、下猶完好、內外街道隱然、瓦礫遍城多金碧色、土人呼爲東京、而中原流寓者、指爲金之上京、是以盛京志作金上京會寧府、按金史、上京路即海古之地、金之舊土也、天眷元年號上京、海陵貞祐二年、遷都于燕、削上京之號、止稱會寧府、大定十三年七月、復爲上京、其山有長白、青嶺、馬紀嶺、完都魯水、有按出虎水、混同江、來流河、宋瓦江、鴨子河、其宮室有乾元殿、慶元宮、辰居殿、景暉門、敷德殿、延光門、宵衣殿、稽古殿、明德宮、涼殿、延福門、五雲樓、重明殿、東華殿、天門殿、混同江行宮、春亭、天元殿、岳應殿、永祚宮、光興宮、雲錦亭、臨漪亭、余按史志、遼金東京在今遼陽州、土人之言固非、而盛京志亦未可盡信、嘗攷金史地理志、上京東至胡里改、六百里三十里、西至肇州、五百五十里、北至蒲与路七百里、東南至恤品路一千六百里、至曷懶路一千八百里、又洪忠宣路程、上京三十里至會寧頭鋪、四十五里至第二鋪、三十五里至阿薩鋪、四十里至來流河、四十

六

里至報打亭廛鋪七十里至賓州〔按金史賓州至渤海城在鴨子混同二水之間〕渡混同江則是金之上京確在今寧古塔之西混同江之東其去混同江僅二百六十里耳以今之道里度之應在色出窩齦左右而色窩出窩齦嶺上土城址尚在今人指爲金時關門者安知非是然則沙蘭之金碧猶存者其殆熙宗天眷以後之北京歟

威伊克阿林極東北之大山也上無樹木惟生青苔厚常三四尺康熙庚午与阿羅斯國分界

天子命鑲藍旗固山額眞巴海等分三道逴視一從亨烏喇入一從格林必拉入一從北海邊入所見皆同〔時方六月東海尚凍〕大 遂五碑於山上碑刻滿州阿羅斯喀尓喀文

沙蘭城内存石塔一石舊音一康熙初舊音首脫鼻端微損新

鄉張司空坦公名彥縉琢而小之今高九尺而石座又三尺餘已
已六月寧古塔藍旗固山大巴黑臺阿媽病且死夢石觀音至
其家遺命長子吳达哈為屋以蓋之吳达哈出五十金屬西關
吉林下觀音廟僧淨金董其事淨金又募得數十金冬十二月
入窩稽伐木庚午二月初六日破土此余所目擊者也又逞峕
存一紫石碑康熙初大興鎦侍御——命人往觀其人椎而碎之
取一角還僅十三字作四行首行曰深契次行曰聖次曰儒生
盛於東觀次曰下瞰闕庭書類率更令蓋園學碑也又土人云
城內雖無居人遠望之猶有王氣城北十餘里有兩石橋橋九
洞今石雖圮柱尚在又將軍安珠瑚使人浚井得碎漆井亭木
方尺髹色甚鮮

九

五國城、就徽欽之処剌之、以一城而五國其名者、攷遼史營衛志、五國俱有國名、曰剖阿里國、曰盆奴里國、曰奧里米國、曰越里篤國、曰越里吉國、則非聚居一城也明矣、至其墜或以為在三萬衛北一千里、自此而東、分為五國、載大明一統志或以為在羌突里噶尚、吳漢槎曰自寧古塔東行六百里、名羌突里噶尚、窣花霙竜二江于此合流、有土城、為鈍即是、或以為在朝鮮北境、者庵以東巡日錄朝鮮北境肯寧古塭、有安賓歙欽故城、在山頂之上、或以為去燕京三千八百餘里、西上黃竜府二千一百里、南燼記載言二帝初栖安肅軍、又掬雲州、又遷西沔州、又遷五國城、其地去燕京三千八百餘里、西上黃龍府二千一百里、余按金史、徽欽以金太宗天會六年七月乙巳赴上京、十月徙韓州、七年七月丁卯從鶻里改路、地名皆不相合、此書之偽無疑、或以為寧古臺相肯搶頭街有舊城址五、既即是、其說紛紛不一、而余以為徽欽自從鶻里改路之後、未嘗再徙、則五國城自在鶻里改路境內、

而鶻里改者虎兒哈胡里改之變書也槍頭街之說庶幾近之

黑龍江元史作合蘭河發源塞北南合流而東混同江發源長白山北流而東雖入海處合而爲一而其源則相去甚遠金史世紀稱混同江亦號黑龍江大誤又兩江之水手掬之皆白色惟遠望略如柳汁耳金志松漠紀聞稱掬之則色微黑皆不可信

平

柳邊紀畧卷之二

山陰　耕夫　楊賓　箸

自京師至寧古塔凡二千八百七十八里。京師四十里至通州，二十里至燕郊，二十里至夏店，三十里至三河縣，縣近七渡鮑丘臨泃三水故名。三十里至邦均，二十里至段家嶺，三十里至別山，二十里至枯樹，三十里至玉田縣，古無終國，水中白沙可治玉。四十里至沙流河，四十里至豐潤縣，二十里至板橋，三十里至榛子鎮，松漠紀聞作榛子店。三十里至新店堡，二十里至沙河，二十里至野鷄坨，十五里至安和店，店東北十餘里有首陽山，山麓有孤竹城，伯夷叔齊廟，廟有清風樓，時人呼為洞山。二十五里至永平府，古孤竹國，秦漢為右北平，松漠紀聞有平州。三十五里松漠紀聞作四十里。至雙望，二十里至盧峰口，十五里至撫寧縣，二十里至榆關，或作榆關，又曰臨渝，以渝水名。松漠夾注榆是渝訛

紀聞、舊榆關至雙望店七十里二十里至深河、三十里至范家店、三十里至山海關、三里至歡喜嶺、五里至八里鋪、明崇禎初經畧王在晉請城八里鋪以衛山海關、旋罷、五年又以山永巡撫楊嗣昌言設兵五十名十二里至老軍屯三十里至高梁站十八里至前衛、十五里至涼水河十里至葉家坟、三十里至中後所、明崇禎五年、設遊擊一員統兵一千二百名十八里至東充站、十二里至望海店、三十里至七里坡、十二里至曹庄、十里至寧遠州、明初寘寧遠衛、領所七、設指揮二十四員、千戶二十五員、百戶五十七員、鎮撫七員、經歷一員、教授訓導各一員、嘉靖二十六年、設參將一員、領中軍一員、把總九員、主兵三千八百八十八名、客兵家丁二十三名、獨輪戰車一百輛、馬三千三百六十八匹、騾五十頭、四十二年、設寧前兵備道一員、今悉裁去、惟設知州吏目學正訓導各一員十八里至雙樹鋪、天聰二年五月太宗攻寧遠不克、回兵駐此、十二里至連山、十八里至塔山、明時寧遠衛中左所千戶駐此、十二里至高橋、十八里至杏山、明末設遊擊一員統兵一千二百名、十八里至松山、明初廣寧中屯衛中左所千戶駐此、崇禎間設遊擊一員、統兵一千二百名、十八里至小淩河、十里至雙陽店、二十里至大淩河、明初廣寧左屯衛中左所千戶駐此、自遼陽失後、遂為要地、總兵祖大壽等統重兵於此拒守、三十里至十三站、即十三山、胡嶠陷虜記云、西南去幽州二千里、四十里至閭陽驛、遼乾州廣德軍奉陵縣、金閭陽縣、二十里至壯振堡、十里至興隆店、十五里至二臺子、十里至顧家子、三十里至中安堡、十八里至羊腸河、按三鎮邊務總要、羊腸河在鎮遠等堡邊外、係朶顏衛住牧之所、今為內地、十五里至小黑山、二十里至胡家窩、三十里至二道井、二十里至一半拉門、三十里至白旗堡、康熙二十一年三月朔乙酉、天子駐蹕於此、進百井以供行營、三十里至鎦河溝、十里至黃旗堡、八里至小黃旗堡、二十二里至巨流河、即遼河、一名枸柳河、又作句驪河、源出靺鞨北山諸山、清初築小城於河上、名曰開城、十五里至顧家子、二十五里至老邊、三十里至大石橋、一名永安橋、三十里至奉天府、松漠

二

紀聞、作瀋州。明洪武二十年建瀋陽中衛，領所五，設指揮使三十二員、千戶二十一員、百戶五十七員、鎮撫、經歷各一員，教授、訓導各一員。嘉靖二十七年設遊擊一員，領中軍一員、千把總九員，主兵七千九百八十七名，客兵、家丁四十八名，獨輪戰車二百輛，元戎車一輛，鼓車二輛，馬五千三百八十八匹，騾五十頭。今改設將軍一員，槑勒章京二員，固山大八員，噶喇章京八員，牛彔章京　員，伐代子　員，筆帖式　員，披甲三十名，馬匹文設府尹一員，府丞、治中各一員，經歷一員，教授、訓導各一員，戶禮兵刑工五侍郎各一員，郎中七員，員外十五員，主事六員，知縣、典史各一員，教諭、訓導各一員。

二十里至大窪，二十里至蒲河、明時設千戶所，十里至汎溝鋪，二十里至懿路站、金即挹婁縣、明時鐵嶺衛左右千戶所駐此，二十里至范家屯，十里至新鋪，三十里至鐵嶺縣、明初建鐵嶺衛，領所七，設指揮二十八員，教授、訓導各一員，鎮撫二員，經歷二員，千戶二十六員，百戶六十四員，又設備禦一員，領把總二員，主兵二千三百八十一名，馬五百五十八匹，獨輪戰車一百輛。今改為縣，設知縣、典史各一員，教諭、訓導各一員，十里至高麗站，五里至平安堡，五里至山頭鋪，四十里至開原縣、明初寘遼海、三萬二衛，領所十七，設指揮五十一員，千戶三十二員，百戶九十三員，鎮撫六員，經歷

馬匹下有脫文

二員、教授訓導各一員、知州吏目各一員、又設參將一員、領中軍一員、千把總十四員、主兵一萬五百二十名、獨輪戰車二百輪、元戎車一輛、鼓車二輛、馬二千八百二十五匹、驛五十頭、又設兵備道一員、今改為縣、設知縣典史各一員、教諭訓導各一員、披甲一千名、十五里至開原县十五里至柳條邊威遠堡門、四十里至棉花衙、五十里至也合站、盛京志及　太宗寔錄皆作葉赫、明時北關也、五十里至火燒嶺、三十里至黑而蘇站、三十里至小孤山、四十里至大孤山、扈從東巡日錄載康熙二十二年　天子去時路程、奉天東北八十里為撫順舊堡、為琉璃河、為札凱、為嘉佑禪、為曾家寨、為哈達河、為耿家莊柳條邊、為鷄鷹拔、為庚格、為庫魯、為三丸山、為奇蘭山河、為阿尒灘訥門、阿尒灘訥門者蒙古語、漢言大孤山、乃與驛路合也、三十五里至易屯河、一作一統河、又作亦屯河、明正統閒寘衛、二十五里至一把旦、二十五里至石頭河、三十五里至雙陽河、六十里至衣兒門、一作引門河、明正統閒寘衛、二十里至沙森、一作薩奄河、三十里至一拉溪、二十里至揆登、一作蘇登、二十里至水哈、三里至小水哈五

三

十里至船廠十里過混同江至呢（失尼）失哈站三十里至交窩峰四十里至厄黑木站十里至那木窩稽三十里至山神廟五十里至拉筏站七十里至退屯站（一名昂邦多紅昂邦者大多紅者渡口也）三里至色出窩稽六十里至朱倫多河五十里至俄莫賀索落站一百四十里至必兒漢必拉站四十里至德林二十里至沙闌站四十里至藍旗溝四十里至寧古塔（元史地理志胡里改距上都開平四千二百里大都三千八百里都者燕京也又明太祖寔錄洪武十五年二月故元鯨海千戶速哥帖木兒木荅哈千戶完者帖木兒牙蘭千戶皂花自女直來歸言遼陽至佛出渾之地三千四百里自佛出渾至斡朵憐一千里斡朵憐至託溫萬戶府一百八十里託溫至佛思木隘口一百八十里佛思木至胡里改一百九十里胡里改至樂浪古隘口一百七十里樂浪古隘口至乞剔憐一百九十里）山海關外奉天將軍所轄二十四站曰沙河站東光站寧遠州高橋站小淩河站十三站廣寧驛舊肅河站二道井站白齊鋪

巨流河、舊邊站、盛京驛、石榴河、東京驛、狼子山、甜水站、連山關、通遠堡、雪裏站、鳳皇城、高麗堡、威遠堡、伊魯站、寧古塔將軍所轄二十二站曰茱茱站、黑尔蘇、阿尔灘、額木尔站、一把淡站、蘇瓦鹽站、伊尔門站、叟登站、乍什哈站、額黑木站、額伊虎站、扎伊屯站、鄂木合梭羅站、畢尔漢畢喇站、沙鹽站、寧古塔驛、吉林城、錦州、俄佛羅站、發忒哈邊界、蒙滚河、孫查包速、素舍里村、白都訥村、

黑龍江將軍所轄十九站曰茂欣速素站、古魯村站、他尔哈池站、多耐站、溫托渾池站、忒墨得黑村、布克村、塔哈兒村、寧年池站、喇哈罔站、薄兒德村、喀母尼喀俄佛羅站、乙喇喀池站、墨尔根村、科落尔河站、喀尔喀尔兌河站、庫木尔山站、額雨兒站、黑

四

龍江、

康熙十六年丁巳寧古塔梅勒章京薩不蘇（不蘇後爲黑龍江將軍）以繩量道里、兩庹爲丈、百八十丈爲里、自寧古塔西關門始至船廠東關門止、凡九萬八千丈、爲五百五十里、今分八站、作六百三十餘里、然以中國之里較之、直千里之外矣、

盛京戶部設滿洲侍郎一員、理事官一員、堂主事一員、郎中四員、員外七員、主事二員、司庫三員、禮部設侍郎一員、理事官一員、堂事官一員、郎中二員、員外郎四員、主事五員、助教二員、讀祝官八員、贊禮郎八員、筆帖式十二員、兵部侍郎一員、理事官一員、堂主事一員、郎中二員、員外郎八員、主事三員、刑部設侍郎一員、理事官一員、堂主事一員、郎中六員、員外郎十五員、主

事二員、筆帖式二十三員、工部設侍郎一員、理事官一員、堂主事一員、郎中二員、員外郎五員、主事二員、司務一員、司庫一員、筆帖式十七員、烏林大七員、管匠役官一員、管理脩陵漢軍四品官一員、五品官一員、管理各項匠役漢軍六品官一員、看守篤恭殿漢軍六品官一員、分掌百工營作山澤採捕等事、按會典國初設各部承政參政啟心郎筆帖式等官順治元年裁併奉天將軍管理康熙中復設今官

三陵、按寔錄、永陵在興京啟運山、葬肇祖、興祖、景祖、顯祖福陵在奉天府承德縣天柱山、葬太祖、壽康太妃在其右昭陵在奉天府承德縣隆業山、葬太宗、懿靖大貴妃墳、淑妃墳、皆在其右各設總管一員、掌關防官一員、副理關防官一員、包衣大一員、布打衣大一員、茶衣大一員、筆帖式二員、妃墳各設看守首領一員、又設噶喇大二員、管壯丁六品官一員、專司陽石木地方供祭牛羊、

五

奉天府將軍下設副都統二員、協領八員、佐領六十三員、半個佐領四員、防禦三十二員、驍騎校六十三員、筆帖式十一員、放荒正尉一員、副尉二員、馬兵二千六百四十名、步兵四百名、看守寔勝佛名兵八名、按會典載每年寔勝寺香燭銀八十兩、茶葉二百斤。牛莊設防禦三員、筆帖式一員、兵八十名、　蓋平設防禦三員、筆帖式一員、兵一百名、　鳳皇城設拜他喇布勒哈番三員、筆帖式一員、兵一百五十名、　廣寧設協領一員、佐領三員、防禦三員、驍騎校三員、筆帖式二員、兵二百十四名、　興京設防禦三員、筆帖式一員、兵八十名、　開原設防禦三員、筆帖式二員、兵一百七十名、興京開原原本俱提行寫錦州府設城守尉一員、佐領十二員、驍騎校十二員、筆帖式二員、兵五百三十名。　前錦州設防守尉一員、佐領二員、驍騎校八員、筆帖式二員、馬兵一百五十名、步兵五十名、內佐領驍騎校各一員、兵一百名、移置中後所、　易州設城守尉一員、伊尓希大二員、拜他喇布勒哈番一員、拖沙喇哈番一員、佐領六員、驍騎校六員、八品官一員、筆帖式二員、兵九百七十名、　山海關至威遠堡等八門、每門設守禦一員、筆帖式一員、撥什庫一名、兵十名、　寧古塔烏喇等將軍下、設副都統二員、按寔錄及會典、寧古塔駐防自天聰十年偹禦吳巴海始、後擧還、順治十年、設昂邦章京、以鑲藍旗薩兒吳代為之、康熙、元年、改昂邦章京為將軍、十五年移將軍及一副都統駐船廠、留一副都統駐寧古塔、副都統本名梅勒章京、十五年改今名、協領八員、烏喇六員、寧古塔二員、佐領五十八員、烏喇四十六員、寧古塔四十二員、防禦二十四員、烏喇二十員、寧古塔四員、驍騎校五十八員、烏喇四十九員、寧古塔九員、管船廠水手揔管一員、四品官二員、五品官二員、驍騎校四員、在烏喇、替管驛站六品

六

官一員、助教一員、筆帖式十四員、兵三千九百二名、內防寧古塔兵三百五十名、　畢勒亨邊門、設防禦四員、兵八十名、愛渾即黑龍江將軍下、設副都統二員、協領八員、佐領四十員、防禦十六員、驍騎校四十員、助教一員、筆帖式十一員、兵二千名、遊牧地方、每旗設蒙古摠管一員、副管二員、

關東糧運、始於康熙二十二年、按會典、於開成鄧子村易屯門、及易屯口等處設倉、每歲農隙之時、運米開成倉內春秋二季、以舟運至鄧子村倉、又自鄧子村陸運百里至易屯門倉、由易屯河舟運至易屯口、直達混同江、給烏喇兵糧、遼河運糧舩一百隻、每舩載米六十石、用滿兵三名、水手六名、奉天府州縣月給工食、每名銀一兩、免其差徭、易屯河舡一百隻、每舡載米六十石、混同江大糧舩八十隻、每舡載米二百石、烏喇舡廠舩六十四隻、大舩七十隻、其水手皆寧古塔將軍分派、

寧古塔至黑龍江設專管修理糧船漢軍四品官二員、五品官二員、驍騎校二員、撥什庫八名、

盛京寧古塔黑龍江駐防官員缺出、該將軍副都統將本處本旗應陞官内揀選一員、咨送兵部、及在京本旗固山額眞、固山額眞又將在京應陞應補官内派出數員、一同引見、然外送者能用十之九、至兵丁亾故老病退甲之缺、有子嗣者准其頂補、若無子嗣、將軍副都統將伊奴僕頂補、如有承受家産之主在京、情願取回其僕者、令其撤回、缺另酌補、

凡公務差遣官兵至京、騎本身馬者、寧古塔人春冬喂養二十日、夏秋十五日、

盛京人春冬十五日、夏秋十日、其自京駐防寧古塔官兵馬匹、冬

七

月在盛京歇養一月、春月歇養二十日、兵部發往空馬、冬月養二十日、春月十五日、此定例也、然行旅往來、則皆喂四十日而後行、

明時遼鎮邊外部落、分為二種、在西北者曰三衛、按三衛地東接海西地、連開平、北抵黑龍江、南連薊遼、春秋為山戎、秦為遼西郡、北境為奚契丹所據、東漢驅其酋走松漠間、後魏之先復居故地、號庫莫奚、唐吐谷渾、宋屬契丹、名兀哈良、元即奚都置大寧千戶所、明初故元遼王、惠寧王、朵顏元帥府、各遣使來朝、於是即古會州地置大寧都司、洪武十四年、封皇子權為寧王、以鎮之、二十一年置三衛、成祖靖難、患寧王躡其後、乃陰說三衛兵、子寧王郊餞時、一呼皆戰、遂擁寧王入松亭關、事平、旋寧王子南昌、盡割大寧以與三衛、

三衛者、泰寧、

其地西自廣寧前屯衛邊、東至廣寧白雲山、明洪武二十一年置衛、以故元遼王阿禮失里為指揮、塔賓帖木兒為指揮同知、歲再貢馬、數年之後、即糾他部犯邊、陽順陰逆、迄無寧時、明末喀尓喀速把亥等即其後也、

福餘、

其地西自廣寧白雲山起、東至開原止、明洪武二十一年置衛、以故元惠寧王海撒男苔瀵為指揮同知、歲再貢馬、正統間同也先入寇、不得利、反為也先所掠、後

前後鶴 詠其宋原屏五幅收到矣
自靈山故後風雅鶴目前是近鶴日
益爲右目崇之如據上書覺卿一層不
如何故遂後百事俱廢退將替矣不
則亦耽也角講友將緩日檢出半上
虎阜志亦暫罷送彼两石刻僅存
絲蓮未繪諸闕其憾多發同之
先字不成字矣 然之多取
蕾老弟 篤安 弟錢稱首

遼衰朵顏其地自開平起至山海關止明洪武二十二年置衛以朵顏元帥脫魯忽察兒為指揮同知歲再貢馬後乃陽順陰逆每導韃靼入犯至啓禎間三十六家之長哈喇愼部布顏台吉蘇布地等遂為大清外藩也在東北者曰女直女直種三海西者為海西女直建州毛憐者為建州女直極東最遠者為野人女直置都司一曰奴兒干都司按寔錄永樂二年二月忽剌溫等處女直野人頭目把剌荅嗒來朝置奴兒干衛以把剌荅嗒阿剌孫等四人為指揮同知古驢等為千戶所鎮撫賜誥印冠帶襲衣及鈔幣有差七年閏四月設奴兒干都司以東寧衛指揮康旺為都指揮同知与兵二百護印千戶王肇舟等為都指揮僉事統其衆歲貢海青貂皮等物仍設狗站遞送六月置經歷司經歷一員十二年閏九月俞遼東都司益兵三百往護其印踰二年遣還宣德三年正月命都指揮康旺王肇舟佟荅剌哈往奴兒干之地建立奴兒干都指揮使司并賜都司銀印一經歷司銅印一六年五月俞都指揮同知佟荅剌哈之姪勝襲為都指揮僉事八年七月佟荅剌哈妻王氏來朝貢馬及方物八月以都指揮使康旺之子康福襲為都指揮同知閏八月以都指揮同知王肇舟老疾俞其子貴襲為都指揮僉事食副千戶祿置衛三百八十一合三衛即三百八十四矣曰建州衛按寔錄永樂元年十

八

一月女直野人頭目阿哈出等來朝設建州衛以阿哈出爲指
揮使餘爲千百户鎮撫賜誥印冠帶襲衣及鈔幣有差四年十
一月木楞古野人頭目佟鎖魯阿等四十人來朝命爲建州衛
指揮千百户等官賜以冠帶及鈔幣有差六年三月忽的河法
胡河卓兒河海剌河等處女直野人頭目哈剌等來朝遂併其
地入建州衛命哈剌等爲指揮千百户賜冠帶襲衣及鈔幣有
差八年八月以指揮阿哈出及其子釋家奴等從征有功賜阿
哈出姓名曰李思誠釋家奴曰李顯忠百户阿剌失曰李從善
可　曰郭以誠陞李顯忠爲都指揮僉事從善以誠俱爲正千
户十年十一月遼東都指揮同知巫凱等奏建州衛都指揮李
顯忠指揮李速趙歹都劉不頒等巻挈家就建州居住歲荒乏
食上命發倉粟賑之十五年十二月李顯忠奏頒春地面月兒
速哥願率家屬歸附居建州從之仍賜賚如例十六年二月以
李顯忠奏陞指揮僉事哈麻忽等爲指揮同知副千户失剌等
八人爲正千户百户也哈吉納等四人并所鎮撫哈答等二人
爲副千户俱賜勅褒諭賞賚有差十七年三月以李顯忠所舉
女直也住等二十七人爲指揮千百户賜鈔幣有差十八年正
月欽員河等處女直野人九令哥等來朝命九令哥爲副千户
木郎哈爲百户宣德元年三月陞李顯忠子建州指揮李滿住
爲都指揮僉事四年三月李滿住請入朝充侍衛賜勅諭止之
五年四月李滿住奏請与朝鮮互事朝鮮不納上復諭止之六
年正月李顯忠妻康氏及指揮僉事金家奴來朝貢馬及方物

帝

八年二月陞指揮僉事不領禿為指揮同知正千戶迭卜為指
揮僉事十一年三月陞指揮使歡志為都指揮僉事五月陞指
揮僉事木答兀為指揮同知正統元年閏六月李滿住遣男古
納哈等來朝貢馬并送還東寧衛逃移人四十八名上嘉之賜
絲幣靴帽有差二年五月陞指揮僉事金家奴為指揮同知副
千戶牙失為指揮僉事所鎮撫阿不察為副千戶三年二月李
滿住率衆至朝鮮必屯城相仇殺上諭止之六月李滿住遣指
揮趙歹因哈奏舊住碲諸江屢破朝鮮搶殺令移住灶突山東
南渾河上上從之後滿住同董山糾福餘衛〔謝〕韃靼寇邊景泰中
巡撫王翔遣指揮王武等往招滿住等入朝時諸部以也先之
難多失勅印無職衛減宴賞怨忿而叛成化三年九月以武靖
伯趙輔充總兵都督王瑛等為副左都御史李秉督兵五萬分
左軍出渾河榮門越石門土木河至分水嶺右軍由鴇鶻關喜
昌口過鳳皇城黑松林摩天嶺至碲諸江中軍自撫順經薄刀
山鮎魚嶺過五嶺度蘇子河至虎城會朝
鮮兵搗巢獲指揮若女等千人併誅滿住

建州左衛

按寔錄永
樂十年置
十五年二月建州左衛指揮猛哥帖木兒奏舉以頭相卜頒帖
木兒速哥等為指揮千百戶宣德元年正月份指揮僉事猛哥
帖木兒為都督僉事賜冠帶戊午命指揮僉事木答哈為指揮
同知正千戶牢若禿為指揮僉事八年野人阿速江等衛弗答
哈木答忽木冬哥哈當加絛糾合七姓野人殺都督猛哥帖木
兒及其子阿古等盡取其財猛哥帖木兒子童倉与其叔凡察

九

破破

及百户高早花等五百餘家潛住朝鮮鏡池地面又欲至遼東居住爲朝鮮所留二年十一月童倉奏請勅諭上勅朝鮮國王李（祹）淘送童倉等家至毛憐衛轉送出境又命猛哥帖木兒子童山襲爲本衛指揮使五年童倉隨其叔凡察逃往建州朝鮮慮其与建州都指揮李滿住同謀生釁奏請勅諭九月上降勅諭之童倉等又奏開原女直馬哈刺等送朝鮮國回内一百七十餘家爲朝鮮所留土人百户高早花等四十一家被毛憐衛所留請上勅諭六年正月陞指揮董山爲都督僉事董山與凡察不和六月勅遼東總兵官曹義等察之後結福餘衛韃靼寇邊景泰中巡撫王翔遣指揮王武等往招董山入謝以晏賞薄怨叛潛結朝鮮朝鮮授董山爲正憲大夫中樞密使天順三年巡撫程信使自在州知州佟成廉得其制書遣使往問各上表貢馬謝罪成化二年董山糾毛憐海西入寇遣都督武忠往諭山亦悔走闕下以語言不遜羈廣寧尋釋還三年以武靖伯趙輔充總兵都督王瑛封忠爲副左都御史李秉督漢畜京邊官軍五萬討之董山降送京師放歸廣寧誅之六年以董山之子脫羅爲指揮使

建州右衛

按寔錄宣德七年正月建州左衛都督僉事猛哥帖木兒遣其弟指揮僉事凡察等貢馬及方物三月凡察以招撫遠夷陞都指揮僉事賜勅勞之九年二月凡察援都指揮裴俊斡木河殺賊有功陞爲都督僉事仍察衛事四月凡察奏去年野人阿速江等衛木答忽木冬哥哈當加等糾合七姓野人殺其兄都督猛哥帖木兒姪阿古等盡

取其財請發兵問罪上遣指揮僉事施者頒帖木兒等賫勅令建州左衛指揮同知札剌兒往諭木苔忽等十月復諭凡察与猛哥帖木兒之子童倉等潛往朝鮮鏡池地面又欲至遼東居住爲朝鮮所留童倉奏上勅諭朝鮮送凡察家至毛憐衛轉送出境三年正月凡察來朝貢馬五年九月凡察自朝鮮逃回同原叛土軍馬哈剌等四十家至蘇子河勅諭遼東總兵官曹義等於三土河及嘚諸江迤西古河兩界間令凡察同建州衛都指揮李滿住居住六年二月朝鮮國王李祠奏本國逃民童者音波說凡察李滿住謀於東八站搶劫朝鮮回國使兵上勅禁之且令與董山輪次來朝又諭建州衛都指揮李滿住兀者衛都指揮使剌嗒嘔罕衛都督僉事乃勝勸諭凡察勿復爲惡三月凡察奏辦上復勅諭之察與董山不和先是七姓野人之亂建州左衛印失宣德間又領新印令凡察掌之既而董山復得舊印勅命山與凡察協同署事繳還舊印董山不聽復命繳還新印都指揮李章加等奏保凡察獨掌衛事上令仍繳新印凡察匿不肯出乃更分建州左衛置右衛使董山以舊印領左凡察以新印領右傳至 本朝 肇祖原皇帝都督孟特穆復七姓野人之仇至俄朵里城西千五百里蘇克蘇許河虎欄哈達山下黑圖阿喇居焉黑 按寔錄洪武二十年十二月圖阿喇者即今之興京也兀者衛野人部將西陽哈等百三十四人自遼東來降賜衣各一襲尋加賜白金千三百七十兩永樂元年十二月忽剌溫等處女直野人頭目西陽哈鎖失哈等

十

来朝貢馬百三十匹置兀者衛以西陽哈為指揮使鎖失哈為指揮同知吉里納等六人為指揮僉事餘為衛鎮撫千百戶所鎮撫賜誥印冠帶襲衣及鈔幣有差永樂九年十月命能哥等為指揮同知兀塔出等為指揮僉事

兀者左衛

按寔錄永樂二年二月兀者衛頭目脫脫哈等五十三人来朝別設兀者左衛以脫脫哈為指揮同知末合赤吉等為指揮僉事餘為千百戶鎮撫賜誥印冠帶襲衣及鈔幣有差

兀者右衛　兀者後衛

按寔錄永樂二年十月兀者頭目那海又不扎尼等来朝設兀者右衛以那海為指揮同知設兀者後衛以又不扎尼為指揮同知羅卜灘咩哥毡為指揮僉事餘各授官賜誥印冠帶及鈔幣襲衣有差永樂十四年七月命女直野人保童為兀者右衛指揮同知墖失墖木等二十三人為指揮僉事兀刺納等十四人為副千戶忽失塔等二人為衛鎮撫忽失納等八人為百戶兀奈哈為所鎮撫俱賜誥勅

失里綿衛　虎兒文衛

按寔錄永樂三年正月虎兒文等處女直野人韃靼頭目綽魯不乃也兒哥尼尼住哥赤等来朝設失里綿虎兒文二衛以綽魯不乃也兒古尼等六十四人為指揮千百戶賜誥印冠帶襲衣及鈔幣有差

撒力衛

按寔錄永樂三年二月把蘭等處女直野人卯又等来朝設撒力衛以卯又為指揮僉事賜誥印冠帶及襲衣鈔幣有差

赤不罕衛

按寔錄永樂三年八月韃靼失兒哈達兒等来朝設赤不罕衛以失兒哈達兒等為指揮千百戶賜

誥印冠帶襲衣及鈔幣有差

屯河衛　安河衛

按寔錄永樂三年八月女直野人頭目可憐哥多頒哈等四十九人來朝設屯河安河二衛以可憐哥等為千百戶衛所鎮撫賜誥印冠帶襲衣及鈔幣有差

毛憐衛

按寔錄永樂三年十二月毛憐等處野人頭目把尔遴等六十四人來朝設毛憐衛以把尔遴等為指揮千百戶賜誥印冠帶襲衣及鈔幣有差九年九月建州衛都指揮李顯忠舉其弟建州衛指揮僉事猛哥不花等十八人命為毛憐等衛指揮使等官十四年正月指揮使猛哥不花等率其部同建州衛都指揮僉事李顯忠來朝賜予如例正統三年六月建州衛都指揮李滿住奏故叔猛哥不花任都督同知曾掌毛憐衛事其衛印被指揮阿里占藏不与今猛哥不花男撒滿答失里襲職仍掌衛事乞給印以便朝貢奏事其阿里印信不許行用上以阿里現在毛憐部下人衆宜与印信撒滿答失里住建州衛與滿住給與印信文書

堅河衛

永樂三年置

右城衛

按寔錄永樂四年正月女直野人頭目哈成哈等五十人來朝設右城衛以哈成哈為指揮使餘為指揮同知僉事千百戶等官賜誥印冠帶襲衣及鈔幣有差

塔山衛

按寔錄永樂四年二月女直野人頭目塔刺赤里伴哥等四十五人來朝設塔山衛以塔刺赤等為指揮同知千百戶鎮撫賜誥印冠帶襲衣及鈔幣有差

兀也吾衛

按寔錄永樂四年二月女直野人頭目倒羅等二十二人來朝設兀也吾衛命倒羅為指揮同知餘

為千百戶鎮撫賜誥印冠帶襲衣及鈔幣有差

嘉河衛、哈密衛、斡難河四鎮三關志作斡難河、大明會典作灘納河、衛按寔錄永樂四年二月嘉河等處女直野人阿必察等百二十八人來朝貢馬設嘉河哈密斡灘河三衛以阿必察等為指揮千百戶鎮撫賜誥印冠帶襲衣及鈔幣有差

塔魯木衛、地緯云北關住野黑寨而故酋祝孔革授塔魯木衛都督僉事

蘇溫河衛、阿速江衛、速平江衛、按寔錄永樂四年二月女直野人打葉等七十人來朝設塔魯木蘇溫河阿速江速平江四衛以打菜等為指揮等官賜予如例宣德八年阿速江等衛頭目弗荅哈等殺建州左衛都督猛哥帖木兒所謂七姓野人者是也九年十月因凡察奏勅弗荅哈等還其所掠人馬財物

吉河衛、按寔錄永樂四年三月女直野人速魯董哈等來朝置吉河衛命速魯董哈為指揮同知餘為指揮僉事等官賜予如例

雙城衛、撒剌兒衛、亦馬剌衛、脫倫衛、卜顏衛、寔錄永樂四年七月忽剌溫三角等處女直野人吉里納者哥難等來朝置雙城等五衛以吉里納等為指揮等官賜予如例

兀蘭衛、亦兒古里衛、脫木河衛、福山大明會典作福三衛寔錄永樂四年八月兀蘭等處女直野人乞剌尼紐憐等來朝置兀蘭等四衛以乞剌尼紐憐等為指揮千百戶賜予如例

札木哈四鎮三關志作劉竹哈、大明會典作撒竹

籃衛 寔錄永樂四年八月不獵哈赤等處野人乃兒不花等來朝置札木哈衛命乃兒不花為指揮同知賜予如例

肥河衛 寔錄永樂四年九月禿河石魯山門等處女直野人哈合察等六十三人來朝置肥河衛命哈合察等為指揮千百戶賜予如例

容陳衛 卜剌罕衛 寔錄永樂四年十月亦答魯能木里女直野人趙州不花乞歹不花忙古納等來朝貢馬置容陳卜剌罕二衛命趙州不花等為指揮等官賜予如例

札童衛 四鎮三關志作劄童衛

撒兒忽衛 罕答河衛 寔錄永樂四年十一月札童撒兒忽罕答河等處女直野人額赤不花等四十人來朝貢馬置札童等衛命額赤不花等為指揮等官賜予如例

木魯罕山衛 寔錄永樂四年十二月吾藍兒等處女直野人失火剌程哥納乞等來朝置木魯罕山衛于掃隣狗站之地命失剌等為指揮等官賜予如例

兀者前衛 永樂四年置國朝典彙成化十四年海西兀者前衛都指揮散赤哈上番書言開原驗貢勒受珍珠豹皮兵部咨撫臣陳鉞激赴廣寧勘狀散赤哈率所部由撫順關入守將以非貢道不納散赤哈因糾建州三衛乘虛掠奉集諸堡陳鉞掩屠近塞僧格十八族殆盡更以捷聞

前作越後作鉞兩歧今依鈔改

亦罕河衛

納憐河衛

麦蘭河衛

斡蘭衛

馬英山衛

土魯亭山衛

木塔里山衛

朶林山衛

哈溫河 大明會典作哈土里河衛 俱永樂四年置

喜樂溫河衛、木陽河衛、哈蘭城衛、可令河衛、兀的河衛、阿古河衛、撒只剌河衛、依木河衛、亦文山衛、木蘭河衛、阿資河衛、甫里河衛、寔錄、永樂五年正月、女直野人土成哈等二百二十五人來朝，置喜樂溫河等衛十二、命土成哈等為指揮等官，賜予如例、九年二月、女直野人咬納等三百人來朝，命咬納等為木蘭河衛指揮等官、賜予如例朵兒必河衛、寔錄永樂五年正月，朵兒必河、恨骨河等處女直野人官夫荅蘭張秃等八十一人來朝，置朵兒必河衛，命官夫荅蘭等為指揮等官，賜予如例、哥吉河衛、野木河衛、納剌吉河衛、亦里察河衛、荅剌河衛、寔錄、永樂五年二月、女直野人可成哥等九十二人來朝，置哥吉河等五衛，命可成哥等為指揮等官、賜予志如例、納木河衛、甫門河衛、寔錄、永樂五年正月、納木里河女直野人白百舍等來朝、置納木河等衛、命白百舍等為指揮等官，賜予如例阿剌山衛、隨滿河衛、撒秃河衛、忽蘭山衛、古魯渾山衛、寔錄永樂五年二月女直野人巴思荅木咬納等五十人來朝，置阿剌山等五衛，命巴思荅木咬納等為指揮僉事等官，賜予如例考郎兀衛、亦速里河衛、寔錄永樂五年三月黑龍江等處女直野人早哈虎失忽等百七十人來朝、貢馬、置考郎兀、亦速里河二衛、命早哈為指揮使、虎失忽為指揮僉事等官賜予如例、國朝典彙成化二年、建州左衛指揮董山糾合毛憐海西入寇遣都督武忠往勅考郎兀諸酋撒哈良等毋党叛、皆頓首謝野定兒河衛、卜魯丹河衛、寔錄、永樂五年三月、女直野人貫虎失帖思哈等四十七人來朝、置野定兒河、卜魯丹河二衛、命貫虎失等為指揮同知等官賜予如例、喜刺烏大明會典作喜速烏河衛、寔錄、永樂五年十二月喜刺烏之地野人的升哥等來朝、命的升哥等為指揮等官賜予悉如例、阿里河大明會典作阿吉河衛永樂五年置秃都河衛、實山衛、忽里吉山衛、列門河衛、莫溫河衛、阮里河衛、察刺秃山衛、嘔罕河衛、寔錄、永樂六年正月、女直野人必纏等百六十人來朝、置秃都河等八衛、命必纏等為指揮等官、賜予如例、九年　月、命平住等為指揮僉事等官賜予有差、弗朵秃河衛斡蘭河衛薛列河衛、希灘河衛、克默而河衛、阿真河衛、兀里溪山衛、撒叉河四鎮三關志作撒察河、衛、阿者速河衛、木忽刺河衛、欽眞河衛、寔錄、永樂六年二月女直野人貫令哈火秃等百六十五人來朝置弗朵秃河等十一衛、賜予如例、八年十月撒因加等來朝、命為兀里溪山衛指揮等官撒

主

因加等願居安樂州、從之、九年十月命鎖令哈為薛列河衛指揮同知撒因哈等為指揮僉事兀魯罕河衛、塔罕山衛、木興河四鎮三關志作木興衛、益實衛、一作乙室者帖列山衛、乞忽衛、刺魯衛、牙魯衛、友帖衛、寔錄、永樂六年三月暖暖河等處女直野人普速等百二十人來朝置兀魯罕河等九衛命普速等為指揮等官賜予如例乞塔河衛、寔錄、永樂六年十二月乞塔河女直野人乍里等來朝置乞塔河衛、命乍里等為指揮僉事等官賜予如例童寬山衛、永樂六年置、葛林衛、把城衛、札肥河衛、忽石門衛、札嶺山衛、木里吉衛、忽兒海衛、木束河衛、好屯河衛、寔錄、永樂七年三月葛林河等處女直野人禿木里等百一十人來朝、置葛林等九衛、命禿木里等為指揮等官、賜予如例、十三年二月長亦八等女直野人卜可你等來朝命為忽石門衛指揮等官賜予有差伏里其衛、寔錄、永樂七年四月奴兒千韃靼忽刺冬奴等六十五人來朝置伏里其衛命忽刺冬奴等為指揮等官賜予如例弗提衛、寔錄、永樂七年五月瓦刺金河等處野人塔失等來朝改忽兒海衛為弗提衛以塔失等為指揮等官乞勒尼衛、寔錄、永樂七年十月虎也木等處女直野人撒禿兀等來朝、命為乞勒尼衛指揮等官賜予如例愛和四鎮三關志作

例舊予予等河因 河 衛 河 官扌賜千 如官河愛
乃 例恙如官等河 衛 等寔 乜 賜等予百 例賜 衛
列 如例賜處等 古 衛錄 吉 予為如戶 予 把
河 喜 葛 女處 木 肏永 衛 如指例等 阿 和
衛 申 稱 直三 河 那樂 古 例揮 官 倫 衛
卜 衛 哥 野衛木一溪八 里 等 塔 衛 等寔
魯 来寔 衛 人肏山作等年 河 失 麻 設寔来錄
乃 朝錄來寔把禿 古一二 衛 例 速 阿錄朝永
河 設永朝錄失剌 衛 十月年永 木 衛 倫永設樂
魯一喜樂設永等等 乃 九女置樂 衛 等寔衛樂愛七
乃作申八葛樂十為 應 人直 七哥寔二錄肏七和年
卜衛年稱八三指 河 為野 甫 等錄十永也年把八
衛以十哥年人揮 衛 指人 兒 来永一樂力十和月
野寔千一衛三来等等寔揮那 河 朝樂人七哈月二愛
人錄塔月 命月朝官處錄等溪 衛 命九來年為女衛和
早永奴乞斜葛 肏賜野永官等 使 為年朝十指直命河
苍樂為烈稱稱為予人樂賜来 坊 指木設月揮野乞站
等八指速哥哥法如禿八予朝方一揮衛塔女僉人塔女
古二年揮頭為野国例剌年如設 作等女麻直事也納直
十十僉目指人河十等二舊甫 河 官直速野歹力等野
人二事千揮斜衛年来月例兒 衛 賜野衛人羊哈為人
来月賜塔等稱千乃朝法 河 亦 予人肏官哈等指乞
朝女予奴官哥百速設因 法 麻 如哈官音等来揮塔
設直如等賜等戶麻法河 因 河 例升音扌為朝等納

兀列河等衛命早花等爲指揮等官賜予如例木剌河大明會典作木束河衛阿苔力河一作阿苔赤河

衛寔錄永樂八年置督罕河衛寔錄永樂九年二月督罕提吉兒女直野人馬吉你等來朝置督罕河衛命馬

吉你等爲指揮等官賜予如例只兒蠻衛兀剌衛即今大兀剌順民衛囊哈兒衛古

魯衛滿逕衛哈兒蠻衛塔亭衛也孫倫衛可木一作可木河衛弗思

木衛明太祖寔錄遼陽至佛出渾三千四五里佛出渾至弗思木隘口一千三百六十里又成祖寔錄永樂十年八月奴

兒千乞列速伏里其兀剌囊加兒古魯失都哈兀失奚等處女直野人酋目土奴塔失等百七十八人來朝貢方物置只兒蠻等

十一衛命准土奴等爲指揮等官賜予如例斡朵倫衛明太祖寔錄佛出渾至斡朵憐一千里又成祖寔錄永樂

十一年十月女直野人脫亦脫等來朝置斡朵倫衛命脫亦脫爲指揮同知猛哥弗兒哥爲指揮僉事兀的哥等爲副千戶等

官賜予如例卜忽禿河衛阿兒溫河衛可河衛寔錄永樂十二年三月女直野人亦能哥

斡羅失等來朝設卜忽禿河等三衛命亦能哥等爲指揮等官賜予如故葛可河衛寔錄永樂十二年三月女直野

人廣右等來朝設葛可河衛命廣右等爲指揮等官賜予如故塔速兒河衛兀屯河衛古城衛

三千四五似有脫誤證以第七頁考注五應作百未敢不訛

和卜羅（一作和羅）衛老哈河衛兀列衛兀剌忽衛哈尔分衛（寔錄永樂十二年九月野人阿魯禿等百十五人來朝設塔速兒河等八衛命阿魯禿為指揮等官賜予如例）失兒兀赤衛（寔錄永樂十二年十二月女直野人完答只魯兀等四十三人來朝設失兒兀赤衛命完答等為指揮僉事等官賜予如例）卜魯兀河衛（永樂十二年置）忽魯愛衛濬冬河衛扎真衛兀思哈里衛（寔錄永樂十三年十月考郎兀衛指揮同知惱納等來朝置忽魯愛等四衛陞惱納為忽魯愛衛指揮使脫赤為指揮同知苦出脫斡等四十人為指揮僉事長家為濬冬河衛指揮同知吉當哈為扎真衛指揮同知忽嗒思為兀思哈里衛指揮同知忽禿等七十一人為千百戶等官賜予悉如例）吉灘（一作吉灘河）衛（寔錄永樂十四年八月拂提衛奏舉女直野人牙速等堪任以職設吉灘衛以牙速為指揮同知亦里當哈為千百戶賜予悉如例）亦馬忽山衛（寔錄永樂十四年八月詔命女直野人鎖奴兀為指揮使哈散哈為指揮同知木答兀等七人為指揮僉事等官賜予如例）亦東河衛亦速（一作述）河衛（寔錄永樂十五年二月安出河等處女直野人嗒剌苦出等來朝置亦東河亦速河二衛命嗒剌苦出出哖哈為指揮使保廼剌忽等為副千戶散只朮等為百戶康南哥等為所鎮撫賜予如例）阿眞

圭

同眞衛、寔錄、永樂十五年十二月、女直野人撒里亦答等來朝、置阿眞同眞衛、授撒里亦答等爲指揮同知等官、賜予悉如例、益寔左衛、阿答赤衛、塔山左衛、大明會典作塔山前衛、緯云、南關故酋速里忒授塔山前衛左都督、城討溫衛以上俱正統間寄住毛憐衛内置、可木衛、失里衛、失木魯河衛、忽魯木衛、塔馬速衛、吉灘衛、和屯衛、和屯吉河衛、亦失衛、亦力克衛、納木衛、弗納河衛、忽失木衛、兀也衛、也速倫衛、巴忽魯衛、兀牙山衛、塔木衛、忽里山衛、罕麻衛、木里吉河衛、引門河衛、即依兒門地面亦里察衛、只卜得衛、塔兒河衛、木忽魯衛、木答山衛、五山衛、可吉河衛、忽失河衛、脫倫兀衛、阿的納河衛、兀力衛、阿速衛、速溫河衛、結剌吉衛、撒剌衛、亦寔衛、弗朶脫河衛、亦屯河衛、一作易屯河、又作一統河、在也合站東北百八十里、兀討溫河衛、甫河衛、剌山衛、阿者衛、童山寬衛、替里衛、亦力察河衛、哈里分衛、禿河衛、好屯衛、乞

列尼衛、撒里河衛、忽思木衛、兀里河衛、忽魯山衛、弗兒秀河衛、
沒脫倫衛、阿魯必河衛、吱里山衛、亦文衛、鴉豬洛衛、苔里山衛、
古木河衛、剌兒衛、兀同河衛、出萬山衛、者屯衛、喜辰衛、海河衛、
蘭河衛、朶州山衛、者亦河衛、納速吉河衛、把忽兒衛、鎮真河衛
也速河衛、者剌禿衛、也魯河衛、亦魯河衛、失里兀衛、斡朶里衛、
禿屯河衛、者林山衛、波羅河衛、朶兒平河衛、散力衛、窑剌禿山
衛、甫門衛、細木河衛、沒倫河衛、弗禿都河衛、者列帖衛、察扎禿
河衛、出萬河衛、者帖列衛、兀失衛、忽里河衛、失里綿河衛、兀剌
河衛、愛河衛、哈剌察衛、沒倫衛、卜魯衛、以哈阿哈衛、速江平衛、
兀山衛、弗力衛、失郎山衛、亦屯衛、木河衛、竹墩衛、河木衛、哈郎
衛、歲班衛、失山衛、考郎衛、篠屯衛、黑黑河衛、古城衛、弗河衛、文

十六

東河衛、阿古衛、弗山衛、兀答里衛、納速河衛、失列河衛、朶兒玉衛、兀魯河衛、弗郎罕河衛、赤卜罕山衛、老河衛、竹里河衛、吉答納河衛、者不登衛、也速脫衛、阿木河衛、顏赤衛、（以上正統後置）山答衛、塔哈衛、弗魯納河衛、行乎衛、兀勒阿城衛、阿失衛、吉眞納河衛、法衛、薄羅衛、塔麻所衛、布兒哈衛、亦思察河衛、失剌衛、卜忽禿衛、撒里衛、你塞衛、平河衛、忽里吉山衛、阿乜衛、台郎衛、塞克衛、拜苦衛、所力衛、巴里衛、塔納衛、木郎衛、額克衛、勒伏衛、式木衛、樹哈衛、肥合答衛、益干衛、英禿衛、乞忽衛、阿林衛、哈兒速衛、巴答衛、脫木衛、忽把衛、速哈兒衛、馬失衛、塔賽衛、劄里衛、者哈衛、恨克衛、哈失衛、交枝衛、葛衛、艾答衛、亦蠻衛、哈察衛、革出衛、卜答衛、蜀河衛、禿里赤山衛、賽因衛、忙哈衛、（以上嘉萬間設）所二十四、曰兀者托溫所元史地理志曰桃溫設軍民萬户府屬合蘭府水達達路距上都、開平四千里、又明太祖寔錄遼陽至佛出渾之地、三千四百里、佛出渾至斡朵憐一千里、斡朵憐至托溫萬户府、一百八十里、又成祖寔錄永樂二年十月兀者托溫女直野人頭目換弟等来朝、設兀者托溫千户所、以換弟等為千百户等官、賜誥印冠帶襲衣鈔幣有差、可里賜所寔錄永樂四年正月女直野人頭目八秃卜花等来朝設可里賜千户所、以八秃卜花等為千百户等官賜予如例兀的罕一作兀寔錄永樂四年二月罕者罕所與嘉河等衛同設得的河所、奧石河所永樂五年二月與喜樂溫河等一十二衛同設、會典無奧石河所哈魯門山所、永樂五年正月與納木河等衛同設敷答河衛所、永樂七年四月與伏里其等衛同設兀者揆野木所、兀者穩勉赤所、魚失所、五年所、兀者已巴河所、真河所、兀的所、屯河所、哈三所、兀者屯河所、古賁河所、五音所、鎖即哈真河所、兀者揆野人所、兀秃河所、哈魯門所、兀討溫河所、兀者撒野人所、站七、曰別兒真站、黑龍江地方莽亦帖站、弗朵河站、亦罕河衛忽把所站、忽把希

乇

桃字似庶之訛

站、弗答林站、古代替站、地面七、國朝典彙作地面五十八、曰弗猻河地面、木温河地面、埇坎河地面、撒哈地面、亦馬河交東地面、可木地面、黑龍江地面、寨一、曰黑龍江忽黑平寨、即今愛渾

柳邊紀畧 卷之三

山陰 耕夫 楊賓 箸

明末東北邊部落爲

大清所併者三十有六海西則有扈倫國之吳喇（一作烏臘又作兀喇在混同江東居失哈站北六十里昔扈倫國姓納喇有納齊布祿者生子曰商堅朶尓和齊商堅朶尓和齊子曰加麻嗒碩朱古加麻喀碩朱古子曰綏純綏屯子曰都尓机都尓机生二子長曰克習納次曰古對朱頞古對朱頞子曰太蘭太蘭子曰布頞始服吳喇諸部築城吳喇河岸洪尼地自稱貝勒傳至其孫布占泰與 大清構兵萬曆四十一年爲 太祖所滅）哈達（一作哈塔在開原東北邊外四十里即所謂南關也與吳喇同祖先是扈倫國都尓机長子曰克習納爲旅人巴代達尓漢所害有孫萬一名王台奔席北之綏哈城其城諸父王住外蘭奔哈達爲部主後其下叛殺王住外蘭其子博尓坤舍進殺其人以報父仇遂迎萬爲部主萬于是稱汗國號哈達最忠于明授塔山前衛左都督傳至其子孟格布祿等於萬曆二十七年爲 大清所滅）輝蔱（一作灰扎本姓孟克得里始祖曰昂古里星古力黑龍江岸居馬察部人也自黑龍江載木主遷居渣魯有扈

倫國人噶揚噶圖墨上姓納喇氏居于張因改姓納喇星古力
二子長曰留臣次曰備臣備臣子（禪）曰納領噶耐（禪）寬納領哈耐寬
子曰拉哈都督拉哈子曰噶哈禪都督噶哈禪子曰齊納根達
尓漢齊納根子曰王机砮于輝蒺河邊扈尓奇山築城以居因
號輝蒺國時有蒙古哈尓國查薩克圖土門汗圍其城不克而
還遂益强盛王机砮卒有子七人其孫拜音達里盡殺之而自
立萬曆三十五年爲　大清所滅居易錄曰陳君說輝蒺部落
未滅之前一載每至日晡輒有小兒千百爲羣建辟入城嬲人
或入酋長之居或散在人家提而擲之散若輕慶旋復聚爲小
兒駈逐祈禳皆不能禁國人夜不得眠日出始倦而就寢如是
者年餘　　太祖兵至已入　赫一作也合（葉恭）又作葉恭又作野
城人無覺者自此妖亦不見也　黑在開原威遠堡邊門東北
九十里即所謂北關也明正統間躍塔山前衛設指揮等職始
祖本蒙人姓土默特名星根達尓達初滅扈倫國所居張地之
納喇部遂擄其地改姓納喇後還野赫河岸故以野恭爲國號
星根達尓漢子曰席尓克明噶圖席尓克明噶圖子曰齊尓噶
尼齊尓噶尼子曰褚孔革授塔魯木衛都督僉事孔革子曰太
杵太杵二子長曰逞家奴次曰仰家奴皆依哈達王台爲邊患
而兄弟不相下乃更築新城于山坡而號故城曰老城老城在
西逞家奴居之新城在東仰家奴居之萬曆十二年寧遠伯李
成梁以賜勅賞賚爲名誘二奴至開原殺之逞家奴子曰布寨
布寨子曰布揚古尓（布）尓杭古仰家奴子曰納林布祿曰金台石

（俱忠順爲明衛邊萬曆四十七年爲　大清所滅）建州毛憐則有滿洲（滿洲始祖曰布庫里雍順乃天女佛庫倫所生定三姓之亂妻其女百里居長白山東俄漢惠之野俄朶里城國號滿洲）之蘇克蘇滸河（其地在清河邊外屬城寨之著者七曰國倫城曰撒尔胡城曰嘉木湖城曰沾河寨曰安土瓜尔佳城曰古勒城曰沙濟城沙濟城主阿海与古勒城主阿太皆王果子也萬曆十一年爲李成梁所殺餘皆亾於　本朝）渾河（屬城寨七曰杭甲城曰扎庫木城曰東佳城曰把尔達城曰兆佳城曰界凡城曰措一混寨萬曆閒俱爲　大清所併）王甲（萬曆閒部主戴度墨尔根其叔曰孫扎秦光滚与董鄂部瓮哥落爲仇十二年九月　本朝　太祖攻董鄂齊吉答城還孫扎秦光滚乞師攻瓮哥落戴度遣人告之得爲備十六年　太祖滅之）董鄂（在寬奠堡外萬曆十六年部主克徹巴額之子額尔机瓦尔喀爲托漢河部額吐阿祿下所殺其子何和理遂率衆歸　本朝尚　太祖長女）哲陳（一作只陳萬曆十五年爲　大清所併）蘇完（部主索尔果明萬曆十六年四月率衆歸　大清太祖以其子裴英東爲一等大臣後以功陞固山額真卒謚直毅公配享　太廟）鴨喇古（一作押兒狐寨主扈喇虎明萬曆十六年四月率衆歸　清以其子扈尔漢養爲養子賜名姓覺羅）長白山之訥殷（一作納因）朱舍里（以上二部在明萬曆二十二年併于　清）

鴨綠江即益州江或呼靉江唐書作馬訾水源出長白山明萬曆十九年為大清所併野人則有瓦爾喀之阿庫里尼滿明崇禎八年為大清吳巴海等所滅兀爾格陳一作吳尓格臣綏分一作遂分雅蘭户野一作滸野兀爾机尼黑庫倫諾落河灣以上七部明崇禎十年七月為大清喀凱塔克等所滅烏爾古宸明萬曆三十九年為大清阿巴泰裴英東順科落所滅虎尓哈即元呼里改路地之兀扎喇明崇禎六年兀扎喇地方頭目綽奇以貂狐皮朝貢大清八年五月大清命吳巴海等征之十月兀扎喇部主之弟塞痕卜克沙等歸大清令住寧古塔地方十四年二月大清遣寧古臺章京鍾果兌等征其未附屯寨遂平之綽庫禪能吉尓以上二部明崇禎十六年五月為清阿尓津等所滅庫爾克一作庫尓喀之喇里闌鐸陳阿撒津多金兀庫爾城掛喇爾額蘇里額尓兔以上八處明崇禎十二年八月為清薩木什喀等所滅里龍江之噶爾達蘇噶尓達蘇有二處以大小別之明崇禎十六年五月為大清阿尓津等所滅薩哈連明萬曆四十四年七月大清命達尓漢順科落等取其屯寨三十六

東北邊部落舉國內附者二十有六、瓦爾喀則有蜚悠、（明萬曆三十五年正月、吳喇侵蜚悠、城長策穆特黑、請移家歸　清　太祖命舒爾哈齊等率兵三千、從其戶五百還、）大虎爾哈則有格先里、（明崇禎元年正月、格先里四頭目朝于　清、）石拉忻、（明萬曆四十四年、本朝使順科落等招之、四十六年、其部長率所部歸之、）那堪泰、（明崇禎三年十一月、其長虎爾嘰率妻子至寧古塔、命馬爾拖朝　大清、求駐牧地、）託科落羅、（一作脫科落、明崇禎十年四月、貢　清貂孤皮、十二月又貢、十五年十二月又貢、）努牙喇、（一作耨野勒、明崇禎十一年四月歸　清、）默爾車勒黑葉、（明崇禎十一年十二月歸　清、）馬爾遮賴科爾、佛科爾、庫薩喀里、（以上三喀里、明崇禎十五年十二月歸　清、）松阿里則有擺牙喇、（明崇禎元年十二月、頭目伊爾彪圖納哈布輪伊圖喀歸　清、貢貂孤皮、）黑龍江則有戈博爾、塞布奇、（長把爾齊等、）何黑岱克殷、吳魯蘇、榆爾根、海輪圖、濃昆都輪、吳藍、（以上十屯、明崇禎八年四月俱歸　清、）精格里河渾泰、（明崇禎元年十月、其長扈青布祿歸　清、貢貂皮、）使犬部則有盖青、（明崇禎七年十一月、其長僧格歸　清貢貂皮、）

三

此行夾注應縮上兩字

窩稽一作兀集又作烏集凡林木叢茂處皆是則有那木、明崇禎閒其長康果里喀克都里昂古明噶兔烏路噶僧格尼喀里湯松噶葉克舒等歸清都魯、明萬曆三十八年十一月歸清東北邊部落現在貢寧古塔者八、每年自四月至六月俱以次入貢自寧古塔東北行四百餘里住虎爾哈河松花江兩岸者曰挐耶勒、一作闢雹明崇禎四年七月部長薩達蘭宜瑶扎濟喇瓦尓禪厄克星格等、始貢本朝貂狐猞猁猻水獺皮、曰革依克勒、一作克益克勒、又作克宜克勒、明崇禎十一年四月始貢大清貂狐皮曰祜什喀里、一作虎習哈禮、明崇禎十二年十一月其長納木達禮等十人、賴達庫等四人、始貢大清元狐皮此三喀喇喀喇漢言娃也役屬久、其頭目皆尚少主、少年精悍者、漸移家内地、編甲入户、或有為侍衛者、初服魚皮、今則服大清衣冠所謂窩稽韃子是也、又名異齊滿洲、一作伊車滿洲異齊者漢言新也、其地產貂、窩稽疑即古之室韋按北史室韋傳室韋在勿吉北千里魏齊後分為五部不相揔一、所謂南室韋北室韋鉢室韋深末恒室韋、大室韋、南北室韋皆捕貂為業冠以狐貂衣以魚皮、鉢室韋用樺皮蓋屋、大室韋尤多貂及青鼠、自寧古塔東行千餘里、住烏蘇里江兩岸者曰穆連連一作木輪、又作木倫、明永樂間置木倫河城、萬曆三十九年七月 大清命阿巴泰等取之崇禎元年七月、 大清又命喀凱塔克等率兵征之俗類窩稽、產貂、又東二百餘里住伊瞞河源者、曰欺牙喀喇、其人黥面其地產貂無五穀夏食魚、冬食獸以其皮為衣、自寧古塔東北行千五百里、住松花黑龍江兩岸者、曰剃髮黑金喀喇凡六、俗類窩稽產貂、以上皆每年入貢、又東北行四五百里、住烏蘇里松花黑龍三江匯流左右者、曰不剃髮黑金喀喇十數、披髮、鼻端貫金環衣魚獸皮陸行乘舟、或行冰上駕以狗、御者持木篙立舟上、若水行攔頭者然、所謂使犬國也後漢書有狗兒國、以狗耕地、價与牛同、又金史有狗站、以狗擺站、遼天慶三年六月斡朗改國、曾以良犬進貢其語與窩稽異、無文字筆墨、以皮

四

條記事大小隨之。其地產貂。又東北行七八百里曰飛牙喀，俗產與不剃髮黑金同，而赤髮無襪，以皮蔽其前。自寧古塔東北行三千里曰欺勒爾濱，大東海，俗產與欺牙喀喇同。以上各種皆三年一貢。凡歲貢者，除賜衣冠什器之外，宴一次，固山大以下陪宴。三年一貢者，宴三次，寧古塔梅勒章京陪宴。按會典：黑金、飛牙喀、虎爾哈等部落進貢貂皮，照寧古塔將軍收送驗數送戶部，其應賞之物，據將軍文書行文戶、工二部支給。又進貢人每日給穀米、燒酒、鹽、粘米、豆、馬料等項，不限日期。如格格額駙來，文給粳米，賞給衣服、緞、紬布、纓帶、帕、棉花、綠斜皮、線、梳篦、扇等物，率以為常。

東邊部落貢

盛京者曰庫牙喇，俗與窩稽同，產海豹、江獺皮。其地在土門江北岸，與南岸朝鮮慶遠府城相對，去寧古塔五百里，歲一貢。按會典，庫

（尓喀地方所進江獺、騐數交送户部、筵宴禮部倫辦、賞賜行文户工二部支給、）使鹿部、大約在使犬諸部之外、按實錄、崇德元年五月、阿賴達尓漢追毛安部下逃人、至鹿使鹿部喀木尼漢地方、獲男女二十九來獻、至今未通朝貢、無由見其國人、但聞其駕車耕地、使鹿若使牛馬而已、

東北部落素產馬、宋建隆中、女真嘗自其國至之蘇州、泛海至登（之字依朱鈔改）州賣馬、明女直建州毛憐海西等部、共歲貢馬一千五百匹、又永樂三年、立開原馬市、（在開原南門外、通女直交易、）撫順馬市、（在撫順所、通建州交易、）廣寧馬市、（在團山堡、通朵顏、泰寧、福餘三衛交易、）成化十四年、立慶雲馬市、（在慶雲堡、通海西黑龍江交易、）以布帛粟米雜貨易之、今柳條邊內外絕不產馬、惟

朝廷乃有馬群、（按會典、盛京騾馬群三處、遊牧地方、騎馬群二處、騾馬群十五處、騎駱駝二處、騾駱駝群十處、上都地方、騎馬群二處、騾馬群十五處、大凌河、騎馬群二處、騾馬群十處、三年騾馬三疋孳生一疋、騾駱駝六年內四隻生二隻、多

五

者賞少者責罰十月初一日起進莊牧養至三月三十日止四月初一日放青起至九月三十止其他皆自山海關西及高麗國來高麗馬大與驢等後漢書三國志所稱果下馬魏書所稱三尺馬朱蒙所乘馬種是也能負重致遠不善馳驟其良者亦復蹀躞有致價不甚貴關西馬皆產於蒙古價每倍於高麗或過窩稽人非十五六貂不與一馬也

鳳凰城等處官兵人等往高麗義州市易者每年二次春以二月秋以八月庫尔喀人每二年一次往高麗慶源地方互市以八月按會典鳳凰城庫尔喀人往高麗地方互市始於崇德間

寧古塔人每年一次往高麗會寧府互市亦以八月然命下遣官監視每年十一月方行按寔錄天聰七年二月始遣偹禦郎格呉巴海攜寧古塔貨物赴朝鮮會寧府貿易又會典崇德間定例每年市易礼部差朝通事二員寧古塔驍騎校筆各一員前往監視凡貂皮水獺猞猁猻江獺

等皮不准市易定限二十日即回今添差防禦一員市會寧者多以羊皮袄布疋往易牛馬紙布甕鹽而書特貴康熙初姚琢之以明季遺文（聞）易牛一頭

柳條邊外山野江河產珠色微者所謂東珠也圓而粗者天子諸王以之飾冠價甚貴人（者疑應作青）

獷貂獺猞猁猻鵰鹿麞鱘鰉魚諸物設官督丁每歲以時採捕俱有定所定額核其多寡而賞罰之或特遣大人監督甚重其事按會典舊例烏喇捕牲設五品總管一員六品嘮喇大二員（官疑管誤）筆帖式二員撥什庫三名除總管本身附壯丁三名嘮喇大本身附壯丁二名筆帖式撥什庫工匠等附壯丁一名免徵錢糧外其餘窩鋪首領捕牲壯丁各附壯丁一名每年每丁徵取貂皮二十張東珠珎珠猞猁猻水獺皂雕虎斑雕芝蔴雕呈送工部驗看折美貂皮若比定數多者都虞司行文廣儲司取青布給賞少者交工部青治捕鱘鰉魚壯丁儘所得呈交若交納鹿觔五个者賞弓一張　康熙元年定例壯丁額外多貂皮一張賞青布一布少一張青三鞭　康熙二年議定烏喇捕牲總管以八旗共得貂皮按丁計算額外多得一百張賞銀三錢少一百張罰俸銀三錢嘮喇大分管四旗壯丁如額外多六十張賞銀三錢少六十張罰銀三錢康熙五年令壯丁兼捕鰉魚

六

十年每旗派壯丁十九名於冬夏二季專捕鰉魚免捕貂鼠其捕壯人役在家病故者准計日扣除貂皮

上好東珠重八分以上者每一分折貂皮十張重七分五厘者折貂皮六十七張半重七分者折貂皮六十三張以上每一分折九張重六分五厘者折貂皮五十二張重六分者折貂皮四十八張以上每一分折八張自五分五厘以至一分者每一分折貂皮五張每五厘折二張半照數計算次號東珠及兩面光亮中閒有帶者三分折算二分或一面兩面徽有光亮二分折算一分無光亮東珠三分折算一分

猞猁猻頭號每張折貂皮六張二號折貂皮五張三號折貂皮四張四號折貂皮三張

水獺號頭號折貂皮三張二號折貂皮二張半三號折貂皮二張四號折貂皮一張半五號折貂皮一張末等每兩折貂皮一張

薄毛貂皮每二張折一張至王公宗室亦各按旗分地令其棌捕

按會典國初王以下公以上許遣壯丁于烏喇地方棌捕東珠貂鼠人參等物効力勤勞大臣許遣壯丁棌取人參順治五年停止大臣棌取參七年停止宗室棌捕東珠貂鼠等物八年停烏喇棌參人數親王一百四十箇世子一百四十丁郡王一百丁長子九十丁貝勒八十丁貝子六十丁鎮國公四十五丁輔國公三十五丁鎮國將軍二十五丁輔國將軍二十丁奉國將軍十八丁奉恩將軍十五丁

鑲黃旗人參山曰黑扯木曰馬家曰肥牛村曰牛哈兒哈曰色欽曰趙家曰厄兒民河曰哈兒民河岡曰佟家河曰拉哈多布

把圍力曰鑲通厄曰 曰曰烘正布谷昂打白曰民界哈庫
烏黑曰扎紅嶺曰劉撒西哈紅勒曰把八旗見河曰抉河
黑曰白姆旗曰剛姑侖伯噶旗亨湖釋扯人得曰克 曰
曰厄毋他人多山山一谷哈人採南楞岡參黑哈扯正牙
昂黑白賴參把嶺嶺而曰曰參捕嶺曰曰山山尔木黃兒
把港力曰山庫曰曰門倭阿山山曰阿濟曰採民曰旗渣
釋曰曰紐曰羅色撒曰兒色曰曰布沙兒呼捕河肥人河
楞古撒木加門眞姆五烘噶朱希魯哈歌雷山夾牛參採
採黑哈舜海曰打湯籃谷哈哈兒張河河曰曰岡村山捕
捕嶺連曰曰渾把阿得曰曰兒哈市曰曰剛一曰曰曰山
山南曰五撒濟庫曰弗阿木哈河曰綿瓦山而佟土木曰
曰山昂什姆木曰張曰米敦曰曰乂灘而嶺門家克起波
勒倭八欣占敵札而哈大曰撒阿欣厄喀曰曰河善曰那
夫曰烏阿河採兒都占谷古姆克谷毋什東牙曰梅呼活
渡瓦而晉曰捕打料你曰黑湯敦曰皮把勝瀨拉佛渾河
口黑呼大沂山庫八白阿嶺阿曰梭里羅阿港哈黑谷曰
曰呼曰力澈曰河羅葉米背曰上布曰曰谷曰多齊背一
一曰納曰東阿曰曰 大山劉澗納阿覺曰厄布曰山而
七-八汗益倭倭呼烏歡鑲牙傍姑峯曰什羅濟黑庫五傍門
單處厄兒曰峯林他白兒曰山曰鈕汗衞而五河林曰曰
曰掀曰烘札曰庫曰旗過汗嶺木王河濟歌陵曰峯幽呼
依谷阿阿姆撒占呼人採處曰書澗曰嶺把河渾曰呼藍
蘭曰沙晉必侖曰勒參捕哈倭河谷湖曰羅 濟厄羅曰
峯昂哈大汗 三英山山谷兒 曰南把曰正山尔東馬

曰朱綠峯、曰呼朱白葉、
正藍旗人參山、曰東勝阿、曰加哈嶺、
曰瓦兒喀什曰扎兒呼河、曰吉姆申、曰書谷、曰倭兒烘噶哈、曰
昂把噶哈、曰木敦家姆占、曰灣他哈曰細王澗谷、曰非牙郎阿
曰阿什哈溫扯黑、棌捕山、曰阿濟華牙哈、曰木克峯、曰阿姆灘
納麦尔齊、曰昂把牙哈
鑲藍旗人參山、曰扎姆必汗、曰扎東
阿曰色欽、曰扎庫木、曰厄一大峯、曰都積、曰溫泉、曰扎兒呼河
曰圍黑法山、棌捕山、曰牙瀨港曰
一呑木克、曰波呑波呑、曰酸馬岡

遼東人參、

本草云、人參與甘草同功、而易蛀、惟納器中密封可經年不壞、紫桃軒雜綴云、人參一名人蓡、蓡者漸積之義、又名人微、微亦微漸之意、一名人御、以其生有階級、又名鬼盖、以其生背陽向陰、又有神草地精海腴之名、異苑云、人參名土精、海錄云、天狗、人參也、春秋運斗樞云、搖光星散爲人參、廢江淮山瀆之利、則搖光不明、人參不生、說文云、蓡與參同、扁鵲云、有毒、或生邯鄲、西溪叢話曰、梁書阮孝緒母疾須人參、舊傳鍾山所生、有鹿引之、鹿滅、得此草、

四月發芽、五月花、花白色如韭花、叢大者若椀、小者若鍾、六月結子若小荳、而連環、色正紅、久之則黃而扁、扁鵲云、三月生葉小花、核黑莖有毛、九月棌根、初生一椏、四五年兩椏、十年後三椏、年久者四椏、每椏五葉、葉尖若芙

容一莖直上扈從東巡日錄所謂百尺杵也高者數尺低者尺餘陶隱居曰上党參形長而黃多潤寔而甘百濟形細而堅白氣味薄遼東形大而虛軟紫桃軒雜綴云生上党山谷者最良遼東次之高麗百濟又次之異苑曰上党者作人形皆具能作兒啼西溪叢語曰扁鵲云有頭足手面目如人廣五行記云土下有呼聲掘之得人參如人形四體備具聲遂絕隋書五行志曰高祖時上党人家宅後每夜有人呼聲求之不得去宅一里所但見人參一本枝葉峻茂因掘去之其根五尺餘其體人狀呼聲遂絕夷堅丙志曰青城老澤平時無人至其閒關壽卿与同志七八人作意徃未到二十里日勢薄暮鳥鳴猿悲境界淒厲久之山月稍出花香樸鼻諦視滿山皆牡丹也幾二更乃得一民家老人猶未睡見客欣然延入布席而坐少頃設麦飯一鉢菜羹一孟揖客坐食翁獨據榻正坐俄出一物如小兒狀置于前衆莫敢下箸獨壽卿劈食少許翁曰儲此味六十年規以待老今遇重客不敢藏而皆不顧何也取而盡食之曰此松根人參也今上党百濟皆枯白無味而遼以東所產多黃潤甘寔不盡如前所云而人形畧具者

八

聞亦有之，但不能作兒啼耳。甲子、乙丑已後，烏喇、寧古塔一帶採取已盡，八旗分地徒有空名，官私走山者非東行數十里入黑金阿機界中，或烏蘇江外，不可得矣。

高麗人作人參贊云：三椏五葉，背陽向陰。欲來求我，椵樹相尋。

居易錄曰：宋恩陵得李伯時畫人參、地黃二藥，裝潢之，御書東坡二贊，有鍾太常家法。其贊參云：上黨天下脊，遼東真井底。元泉傾海腴，白露灑天醴。靈苗此孚毓，肩股或具體。移根到羅浮，越水灌清泚。地殊風雨隔，臭味終祖禰。青椏綴紫萼，圓實墮紅米。窮年生意足，黃土手自啓。上藥無炮炙，齕齧盡根柢。開生定魂魄，憂恚何足洗。糜身副吾生，既食首重稽。楊升菴藥市賦曰：

人參三椏，來自高句驪之國；桃枝九折，出於巂昆明之隈。

宗室人參過山海關，皆有定額，額外人參照例每斤納稅六錢。例云：親王人參七十斤，世子六十斤，郡王五十斤，長子四十五斤，貝勒四十斤，貝子三十斤，鎮國公二十二斤半，輔國公十七斤半，護國將軍十二斤半，輔國將軍十斤，奉國將軍九斤，奉恩將軍七斤半，准免關稅，餘參每斤納銀六錢。其買參者准予盛京開原等處採買、不許於打牲之處採買、凡走山者、山東西人居多、大率皆偷採者也、每歲三四月間、趨之若鶩、至九十月間乃盡歸、其死於飢寒不得歸者、蓋不知凡幾矣、而走山者日益多、歲不下萬餘人、凡走山者刨參者、率五人而伍、而推一人爲長、號曰山頭、陸行乘馬、水行駕威弧、獨木小舟名、沿松花江至諾尼江口、登岸、覆舟山谷間、乃入山相土、山頭坐而指撝、四人者剝樹皮爲窩棚、又擇一人炊、三人樵蘇、夜則燎火自衛、曉食已、人攜小刀一、火石包一、四尺長木鑱一、皮袋一、隨山頭至嶺受方畧、認逕路、乃分走叢木中、尋參子及葉、扈從東巡日錄云其草一莖直上、獨出衆草、光與曉日相映、得則跽而刨之、者山頭者時時立嶺上作聲以呼其下、否則迷不能歸矣、日暮歸窩棚、各出所得交山頭、乃洗剔而煮、按寔錄云先以水漬參、明人徉不欲市、邊 九

人恐朽敗急售多不得價　太祖煮而售之煮參始此近又以煮則味薄改而爲蒸矣貫以縷懸木而乾之日惟曉夜再食糧盡則五人均分而還

關東人呼參曰儻又曰根子肉紅而大者曰紅根子半皮半肉者曰糙重空皮曰泡平聲視泡之多寡定價之成色扈從東巡日錄有紫團白條羊角金井玉蘭諸名己巳庚午間足色者斤寧古臺參以十八兩爲斤奉天以十九兩爲斤京師以南以二十兩爲斤十五兩八九色者斤十二三兩六七色者斤九十兩對沖者六七兩泡三兩若一枝重兩以上則價倍一枝重斤以上價十倍成人形則無價矣相傳康熙二年得人形者一枝重二十二兩獻於　朝後絕不得

窩稽人不貴貂鼠而貴羊皮凡貂不掛合縫鑲邊處必以黑羊皮一線飾之松漠記聞云不貴貂鼠者以其見日及火則剝落

無色余謂此無他不過厭常喜新耳今寧古塔梅勒章京以下皆着猞猁猻狼皮袄而服貂者無一人也若帽則皆貂矣豈獨不畏剝落耶

貂鼠喜食松子大抵穴松林中或土窟或樹孔捕者以網布穴口而烟熏之貂出避輒入網中又有縱犬守穴口伺其出而囓之者然不貴恐其損毫毛也紫黑色毛平而理密者為上紫黑而理密者次之紫黑而踈與毛平而黃者又次之白斯下矣胡嶠陷虜記所謂黑白黃貂鼠皮也康熙初易一鐵鍋必隨鍋大小布貂於內滿乃已今且以一貂易兩鍋矣明時鐵鍋不許出邊隆慶四年俺荅受封順義王後諸所請皆酌給獨不與鍋哀告數次終不允北邊易如此東可知已所以初時難得則貴重久之日多自賤矣一馬必出數十貂今不過十貂而已馬良者乃十四五亦不以上貂易也上貂皆產魚皮國即窩稽諸部以其服魚皮故名北史室韋傳南室韋北室韋皆捕貂

十

爲業冠以狐衣以魚皮大室韋猶多貂及青鼠歲至寧古塔交易者二萬餘而貢貂不（猶似應作尤）與焉寧古塔人得之七八月鬧售販鬻京師京師者歲以爲常而京師往往賤挹婁而貴索平聲倫蓋以索倫貂毛深而皮大也然不若挹婁之耐久矣

貉子皮出魚皮國者佳大與狐等每皮價四五錢拔鎗毛毛之長而勁者曰鎗毛爲帽脊曰鑽草臂曰坐草腹曰拉草鑽草紺色上也坐草黃色中也拉草灰色下也塞外禦寒在貂上有爲被者若爲褥則不拔鎗毛鎗毛鋭黃黑色

鹿皮麅皮火石火絨銼草紅根草及諸木桿皆有貢額按會典盛京將軍每年進鹿皮一百張麅皮一百張鎗桿三百根又桿一百根楊木箭桿三千根樺木箭桿二千根槳木一百根火石一斗鞭桿八百根銼草五百斤紅根草五十斤火絨三斤歲以爲常

滿洲舊無文字、有之自

太祖始、按明萬曆二十七年己亥二月、

太祖以蒙古字製國語、創立滿文行國中、命額爾德尼榜式、榜式一作榜什、又作帮寔、蕭大亨云、能書者之稱也、有侮慢之者罰馬一、本朝天聰五年七月始傳止、但稱筆帖式、惟大海庫爾纏等仍得稱榜式、池北偶談云、國初內三院滿洲大學士謂之榜式、烏金超哈大學士亦稱榜式、如范文肅公甯文毅公是也、大海榜式、書、未竟者、通鑑、六韜、孟子、三國志、大乘經、大海所譯有刑部會典、素書、三略、萬寶全立字母十二、名曰十二兀柱頭、兀柱頭所載、與漢人反切相類、左司筆記云國書大率如古人反切、如墨為不黑、空為溫、通之類、漢人呼筆為不律、出之爾雅、今北方呼筆為不至、國語以筆為廢或一語為一字、或數語為一字、意盡則以兩點節之、其書左行、與漢文反、池北偶談云、本朝文移書疏之制、國書則自後而前、漢書則自前而後、凡宮殿榜、書率用清漢蒙古三體、按草木子載元朝行移文字、漢字自前而後、蒙古字自後而前、畏吾兒字則榜書之波撇彷彿漢隸、蓋蒙古字本從

式字依朱鈔補

十

隸書變出、而滿書又從蒙古變出、旁加以點、是以仍近漢隸、五代史云、增損隸書之半、以代刻木之約、此一據也、按金史完顏昊因契丹漢字、命谷神倣遼漢字制合本國語、為女真大字、有女真小字、則滿洲之初未嘗無文字也、或久而失傳、大漢更創之耳邊外文字、多書於木、往來傳遞者曰牌子、以削木片若牌故也存貯年久者、曰檔案、曰檔子、以積累多貫皮條掛壁若檔故也、然今文字之書於紙者、亦呼為牌子檔子、猶之中土文字、漢以前載在竹簡、故曰簡、以韋編貫故曰編、今之人既書於紙為卷為部、而猶呼之為編為簡也、

監高麗互市筆帖式云、己巳冬會寧府民獲野鷄子十、破其一、中有十鼠、遂連破三四莫不然、告之吏、吏剖其一亦然、乃獻之王所、

高麗咸陽郡新溪書院故新羅國佛寺遺址也崇德六年六月有寓居人元年者掘地得一甕貯金二十四片每片刻宜春大吉甕蓋刻一千年字送於
朝却之

寧遠州人曰明摠兵李如松入朝賜宴陪宴官某問遼東産何物如松曰産好李其曰不知心若何曰赤心如松寧遠伯李成梁之子父子兄弟俱為遼東名將今鑲藍旗李氏如李輝祖李鈉李林隆皆其後人也

開原縣城中有浮圖一土人云有鏡二十四着頂上奉天多鄧將軍廟將軍名佐明成化間人按四鎮三關志鄧佐者定遼前衛指揮使也善騎射有膽力巡撫王翺令署部指揮事成化三年春隨摠兵施英按奉集堡遇敵二千餘佐率五百騎敗之復

土

追至樹遮里峻山峭壁中鏖戰忽有一校策馬退走衆遂潰乃下馬步戰久之知不可爲遂自刎報未至遼人見佐乘白馬挾弓鼓吹而回佐家亦聞鼓吹聲守臣上其事立祠遼陽都御史吳禎爲撰碑記撫順境外部落凡有疫癘禱之立應至今滿洲跳神皆祠之或曰京師堂子所祠者亦將軍云按會典每年元旦皇上率親王以下副都統以上及外藩諸堂子上香行三跪九叩頭禮每月朔親王以下貝子以上派一人供獻四月初八日內府並王貝勒一人依次備供齋戒是日不祈禱不祭不理刑名康熙十二年定祭堂子漢堂官不隨往

寧古臺地不計畝而計晌晌者盡一日所種之謂也納約當浙江朱鈔作約田畝四畝零金食貨志量田以營造尺五尺爲步闊一步長二百四十步爲畝一夫種二十晌晌收穀自一石至二石以土之厚薄爲等殺穀凡十種曰稗子曰小麥曰大麥曰粟小米也曰秫粘穀也用以造酒曰黍大黃米也作餳亦可作酒曰稷

穈子米也宜酒亦可爲飯曰高粱、蜀黍也、曰莜麥、曰穬麥、鈴鐺麦也、而以稗子爲最非富貴家不可得、地二十晌之佳者價五兩、稗子穀石一兩、小麥石五兩、大麥石一兩五錢、粟秫黍稷高粱莜麥石各二兩、穬麥石一兩三錢、凡一石可當通州倉二石五斗、此己巳庚午間糧價也、

陳敬尹爲余言曰、我於順治十二年流寧古塔、尚無漢人、滿洲富者緝麻爲寒衣、擣麻爲絮、貧者衣麅鹿皮、不知有布帛、有之自予始、予曾以疋布易稗子穀三石五斗、有撥什庫其得予一白布縫衣、元旦服之、人皆羨爲、今居寧古塔者衣食粗足、則皆服紬緞、天寒披重羊裘、或猞猁猻狼皮打呼、皮長外套也惟貧者乃服布、而敬尹則至今猶布袍、或着一羊皮緞套耳、

圭

寧古塔宴會，以十二簋爲率，小吃之數亦如之，爭強鬭勝，務以
南方難致之物爲貴，一席之費，大約直三四金，滿洲則例用特
牲，或豬或羊或鵝，其費更甚。
寧古塔多農業農賈，賈者三十六，其在東關者三十有二，土著
者十，市布帛雜貨，流寓者二十二，市飲食，在西關者四，土著皆
市布帛雜貨，農則無算，而奴爲多，其俗貴富而賤貧，貴老而賤
少，貴漢而賤滿，何也？凡東西關之賈者皆漢人，滿洲官兵貧，衣
食皆向鬻賈賒取，俟月餉到乃償直，是以平居礼貌必極恭敬，
否則恐賈者之莫與也。況賈者皆流人中之尊顯而儒雅者，與
將軍輩皆等夷交，年老者且弟視將軍輩，況下此者乎？居人無
凍餒者，凍餒則群斂布絮糧食以與之，夜戶多無關，惟大門設

木柵或橫木爲限防牛馬逸出也比年來正二月間走山者或盜馬因設堆子巡警他時牛馬豬鷄之類無失者失十餘日或月餘必復得

寧古塔滿洲呼有爵而流者曰哈蕃哈蕃者漢言官也而遇監生生貢亦以哈蕃呼之蓋俗原以文人爲貴文人富則學爲賈陳敬尹周長卿貧而通滿語則代人貫所謂掌櫃者也錢德維貧而不通滿語則爲人師師者胡子有李呂林吳英今王建今李彭師終歲之獲多者二三十金少者十數金而已掌櫃可得三四十金

寧古塔有七廟曰關帝廟在城東三里馬王附其後道人揚州蔡森生守之年七十九矣曰西廟在城西三里吉陵倚其後虎兕哈河流其前中有銅觀音一高八九寸藍旗章京某所捨也

十四

其云阿杌人釣而得之江、以爲神、殺牛豬鷄鵝必祭而以血塗其口、余以一牛强易之識者皆指爲宋物、又蓮花石象柱二、亦自地中出者、庚午二月初六日、僧寮火、觀音殿以救免余爲僧作引募修、西行時已得六十金矣僧名淨金、溫州人、秋笳集所稱淨公者是也、弟子二、一名雪蒼、一名寧遠曰既濟廟在城北西百步、祀龍王火神、僧名天然、李其姓、河南諸生也、甲寅乙卯間、以逆黨爲阿机奴妻年少絶色、主者呼之裝烟、不應、自縊死天然遂下髮爲僧余父憐之、爲梅勒章京言屬守廟、廟額余所書也、曰三官廟在城東北百步、道人朱一翁、故南昌王後也、年七十二、曰子孫娘娘廟、在三官廟東、朱一翁兼守之曰城隍廟在城東南一里、直隸劉典史建、因自守之居人薄守者多不注、曰土地廟在城東里許河南王姓尼守之人呼爲王姑子朔望往七廟者執香而已燭不易得也西廟東吉陵下淨公植花木數千本春夏間滿漢男女載酒徵歌無虛日文人多賦詩以紀其盛

己巳七月余家童黑子隨愛渾牛彔章京崔尚信江行一日結伴八人駕威孤將登岸圍獵波浪作威孤覆同伴劉撥什庫等三人死黑子等五人以救免先是尚信爲喇起行之夕夢吏持文書一函露封令尚信投愛渾將軍尚信探視之朱書不可辨以問吏吏曰無他取多洪拉發三人耳尚信疑畏者久之至是乃恍然蓋死者皆多洪拉發人也

席百北有鹿大若橐駞名康大罕肉可爲指決槽若幾者價三

圭

四十兩、

海豹皮、出東北海中、唐開元中、新羅國與果下馬同貢者也、長三四尺、闊二尺許、短毛淡綠色有黑點、京師人誤指為海龍皮、染黑作帽、海龍皮大、与海豹等、毛稍長、純灰色、又京師人指為海獺皮者也

紅姑娘、一名紅娘子、狀若彈丸、色紅可愛、味甜酸、子若魚子、八九月間熟、草本、有蔀若秋葵蓝而淡紅、烹湯亦可飲、

大發哈魚、一作打法哈、子若梧桐子、色正紅、噉之鮮水耳、其皮色淡黃若文錦、可為衣為裳為履為襪為綫、本產阿机各喀喇、而走山及寧古塔之貧者多服用之

楛木長三四寸、色黑或黃或微白、有文理、非鐵非石、可以削鐵而每破於石、居人多得之虎兒哈河、相傳肅慎氏矢以此為之、

砮係朱鈔本

好事者藏之家，非斗粟疋布不可得。按楛矢自肅慎氏至今，凡五貢中國。周時貢後，常道鄉公景元末又貢，晉元帝初又貢，成帝時通於石季龍，四年方達，後魏太和十二年遣使又貢。而勿吉、室韋之俗，皆以此為兵器，或曰楛矢，或曰石鏃，或曰楛努砮，歷代史傳言之娓娓。魏書勿吉傳箭長尺二寸，以石為鏃。北史勿吉傳自拂涅以東皆石鏃，唐室韋傳器有角弓楛矢，黑水靺鞨傳其矢石鏃長二寸，蓋楛砮遺法。今余之所見直楛耳，無有所為鏃与砮也，不知鏃与砮又何以為之也。努似應作砮

鹽南北朝時有產於樹者，有產於池者，金時速頻以東食海鹽，上京胡里改等路食肇州鹽。按哈剌八都魯傳至元三十年世祖謂哈剌八都魯曰：乃顏故地曰阿八剌忽者產魚，吾今立城，而以元速懣、哈納思、乞里吉思三都人居之，名其城曰肇州。又元史地里志附肇州于廣寧府後。其地應在盛京界內。今則運自奉天或高麗國，堅類長芦鹽，斧斫之乃碎。寧古塔鹽斤二分五厘，船廠鹽斤一分二厘。祁奕喜風俗記出

共

瀋陽者斤八分、出高麗者斤六分、蓋康熙初價猶貴、不似今之賤也、

桃花水、草本、狀若楊梅而無核、色紅味甘、質輕脆、過手即敗矣、五六月間遍地皆是、居人擇最多處設帳房或棚子、醵分載酒、男女各為群、爭采食之、明日又移他處、食盡乃已、又有法佛哈米孫烏什哈者、味甜酸可食、皆中土所無者也、若蘋婆果、桃、李、棗、栗、柑、橘之類、非中土人馳送不可得、瓜往時絕少、今李召林學種、各色俱有、然價甚貴、荸薺、瀫（細）子、中平地為瀫子、亦生、人不知食、黃精極多、賤者乃食之、蘑菇、猴頭、鷄腿之外、尚有數種、然狀莫大於猴頭、味莫鮮於鷄腿、鷄腿蘑菇、籬落間皆有之、往吳漢槎還、病且死、謂余曰、余寧古塔所居籬下產蘑菇、今思此作湯何

可得予時竊笑之以爲蘑菇所在有何寧古塔也及予省覲東乃應作及行乃知寧古塔蘑菇爲中土所無而漢槎舊居籬下所產又寧古塔所無者今此屋屬河南李閒遠而蘑菇已盡數年來數祁家馬槽下者爲第一矣祁家者祁奕喜妾所居也䕶臘草履也絮毛子草於中可禦寒毛子草細若綫三稜微有刺生澱子中拔之頗觸手以木椎數十下則軟于綿矣一名䕶臘艸土人語云遼東三件寶貂鼠人參䕶臘艸余謂參貂富貴者之寶也護臘艸貧賤者之寶也有䕶臘草則貧賤者生無參貂則富貴者死

塔子頭扈從東巡日錄云作塔兒頭非或名和尚頭苗長尺許若麥門冬草春綠夏青秋白冬則以土人以火燎之焦而黑矣根紫色細若線糾結

七

成團堅如木石，大者抱，小者握，自相連絡，差參互泥淖中，馬行其上，春夏最難，一失足陷隙際，不能起，秋冬堅冰，則如陸地，然和尚頭仍不與冰等也。土人有取以為枕者，玩之絕可愛，余欲攜其一示好事者，以馬力不勝而止。

松塔，松子蔀也，狀若塔，故名。大者高尺許，打松子者入阿机中伐木取之，木大塔多者，取未盡，輒滿車，往時不甚貴，近取者多，百里內伐松木且盡，非裹糧行數日不可得，價乃數部於前，己倍巳庚午間，銀六錢買一大斗，然食者少，不甚買也。余初至日食一升，三四日後，唇焦舌燥，不敢食矣。

榛，高二三尺，草也，而似木，經霜後子落，可拾，幹可為薪，否則入野燒，春夏間復生，品素賤，己巳秋獨少，價遂與松子等。

樺皮。樺木皮也。樺木偏山皆是，狀類白楊。春夏間剝其皮入汚泥中，謂之曰糟。糟數日乃出而曝之地，白而花成形者爲貴。金史所謂醬瓣是也。按金史輿服志，醬瓣樺者，謂樺皮班文色殷紫，如醬中豆瓣也。金人佩刀皆以醬瓣樺爲鞘口。又北史，鉢室韋用樺皮蓋屋。拉發北數十里，特設樺皮廠，有章京、按會典，設採樺皮六品官一員。有筆帖式，有打樺皮人，每歲打樺皮入 內務府，而遼東樺皮遂有市於京師者矣。按會典，康熙二十六年以前，間一年取寧古塔樺皮九千斤。

邊外驛站相去遠近不一，或百里，或百餘里，或七八十里。然所謂七八十里者，三九月間亦必走馬竟日乃得到。宋王沂公所謂但以馬行記日，約其里數者也。行稍遲，或冬月日短，發不早，鮮有不露宿者。土人謂之打野營。露宿必傍山依樹近水草，年少而賤者持斧伐木，燎火自衞，或聚石爲灶，出銅鍋作粥，人持一木椀啜之。雨雪至，無從避，披

六

衣凍坐而已　每站設筆帖式一、俗呼帮識撥什庫一、俗呼千摠莊頭一、小頭一、壯丁不爲限大抵業農貫小頭者役於撥什庫也、莊頭者管壯丁者也撥什庫專司應付筆帖式登記檔案以體統言之筆帖式有印、若尊于撥什庫、而派軍馬草料則不敢侵其權、是以一站之人惟撥什庫是畏、前此每站居人多者數百家、少者數十家、今受渾將軍盡撥壯丁爲水手工匠而山東西与京東之流寓者、周胡嶠記曰、遼上京西樓交易、中國人并汾幽薊爲多　奉天將軍又復驅之入關、存者不過十餘家而站廢矣、十年前行柳條邊外者、率不裹糧、過人居直入其室、主者則盡所有出享、或日暮讓南炕宿客、而自卧西北炕馬則煑豆麥剉草飼之客去不受一錢他時過之、或以鍼綫荷包贈則又煑乳猪鵞鷄以進蓋是時俗固厚而過客亦不若今日之多也今則走山者以萬計蹤跡詭秘倉卒一飯或一宿再宿必厚報之而居者非雲貴流人則山東西賈客類皆巧於計利于是乎非裹糧不可行矣然宿則猶讓炕炊則猶樵蘇飦則猶助瓜菜尚非中土所能及也

遼以東皆產鷹而寧古塔尤多設鷹把勢十八名以流人子弟或奴僕為之兼衙門行杖　每年十月後即打鷹摠以得海東青為主海東青者鷹品之最貴者也純白為上白而雜他毛者次之灰色者又次之既得盡十一月即止不則更打若至十二月二十日不得不復更打矣得海東青後襍他鷹遣官送　內務府或
朝廷遣大人自取之送鷹後得海東青滿漢人不敢畜必進梅勒章京若色純白梅勒章京亦不敢畜必送　內務府矣凡鷹生

山谷林樾間，率有常處。善打鷹者，以物為記，歲歲往無不遇。惟得差不易耳。視其出入之所，繫長繩張大網，晝夜伏草莽中伺之，人不得行，行則驚去。

寧古塔温飽之家，好打馬吊，少年者尤甚。吊牌籌馬皆致自京師，窮極工巧。凡賭不以銀，而以核桃、紅棗、豬羊之類。

滿洲有大宴會，主家男女必更迭起舞，率舉一袖於額，反一袖于背，盤旋作勢，曰莽勢。隋文帝所謂常作用兵意也。隋書勿吉傳：隋文帝時宴勿吉于前，使者与其徒皆起舞，曲折多戰鬬容。上顧謂侍臣曰：天地間乃有此物，常作用兵意，何其甚也。中一人歌，衆皆以空齊二字和之，謂之曰空齊。金志所謂鶻鵲聲者近是。猶之漢人之歌舞，蓋以此為壽也。每宴客，坐客南炕，主人先送煙，次獻乳茶，名曰奶子茶，次注酒於爵，承以盤，客年差長，主長跪以一手進之，客受而飲不爲禮飲畢乃起客年稍長于主則亦跪而飲飲畢客坐主乃起客年小於主則主立而酌客客跪而飲飲畢起而坐與席少年欲酌同飲者與主客獻酬等婦女出酌客亦然是以不沾唇則已沾唇則不可辭蓋婦女多跪而不起非一爵可已又客非懼醉而辭則主不呼婦女出出則萬無不醉者矣凡飲酒時不食飲已乃設油布于前名曰劃單即古之食單也進特牲以解手刀割而食之食已盡賜客奴奴席地坐叩頭對主食不避牛魚鱘魚也頭畧似牛微與南方有別然土人直呼爲鱘惟中土人或謂之爲牛耳重數百斤或千斤混同黑龍兩江虎兒哈河皆有之最不易得得之則羣聚而饗食之演繁露載契丹主達魯河釣牛魚以占歲海陵集稱與金蘭瀾酒並賜使臣周麟之海陵集

干

云有梁大使者先朝內侍官也入館傳旨賜金蘭酒二瓶銀魚牛魚二盤又云牛魚出混同江其大如牛二老堂雜志亦云一尾之直與牛同（周必大二老堂雜志云周樞密麟之充金泉謝使金主愛之享以所釣牛魚非舊例也樞密糟其首歸獻於朝同館王龜齡目為魚頭公）則牛魚在遼金時已貴重矣然其味猶在鯽魚下鯽魚大者三斤小者若濼鯽（濼鯽率重一斤中土之貴品也）鮮美不可名狀若牛魚徒肥耳不甚鮮也塞外凡魚皆肥美余去時於棉花街市一鰱魚重十二斤（價銀二錢）十五人食之不盡余欲更市一尾進吾父同行者曰寧古塔魚更佳何市為及至果然蓋寧古塔城臨虎兒哈河冰開後無貴賤大小以捕魚為樂或釣或網或以叉或以鎗每出必車載而歸不須買也惟冬月鑿冰則捕者少好逸者乃買耳

康熙丙寅年沙兒虎舊城（去寧古塔四十里）掘一銅章傳送禮部大若

州印面篆合重渾謀克印六字背左一行楷書如面文右一行刻大同二年少府監造八字按大同遼世宗年號而謀克則世傳金爵也金三百户置長曰謀克十謀克置長曰猛安今觀斯印則金未建國號爲遼屬國時已有斯爵而後特廣之耳

主

柳邊紀畧卷之四

山陰 耕夫 楊賓 箸

康熙錢行之船廠而止然與順治及明錢大小並用船廠東至寧古塔則但知用銀銀椎匾若書帕色足九六七以下便不用昔周胡嶠北征記曰遼上京西樓（按遼史西樓在祖州州隸上京臨潢府）交易無錢而用布則今之用銀已異于用布時矣（歷代銀不專用明初民閒或私用太祖立禁甚嚴至正統元年胡濙因浙東閩廣無漕而倉有百年之蓄變通改折每粮石折銀二錢五分自此以後通行天下而銀禁遂廢矣）然按金食貨志章宗承安三年命西京北京臨潢遼東等路錢一貫以上俱用銀鈔寶貨不許用錢一貫以下聽民便又宋崇寧錢往往掘地得之則金時業已用錢矣安知數年後不流行船廠以東耶

柳邊紀畧卷之四

一

寧古塔交易銀數，不計奇零，如至兩則不計分厘，至百十則不計錢分。食用之物，索於所有之家，無勿與，直一兩以上者償之，不則稱謝而已。若有而匿不與人，或與而不盡，則人皆鄙之矣。

漢人之以罪至者，雖與漢軍不同，然每與漢軍爲伍。在滿洲與異齊滿洲，則總呼爲漢人。漢軍亦不以此自別，蓋與京師漢軍有截然不同者矣。池北偶談云：本朝制，以八旗遼東人號爲漢軍，直首人爲漢人。元時則以契丹、高麗、女直、竹因歹、竹亦歹、术里闊歹、竹温、渤海八種爲漢人，中國爲南人。

北海，唐祭於洛州，宋明祭於益州，順治康熙間祭於河南濟源縣。後以都察院副都御史徐元珙言，改祭於混同江。

北鎮醫巫閭山，在遼東廣寧縣。遼太祖陵，在廣寧縣中屯衛，有大事遣一官致祭。

俗尚齒不序貴賤呼年老者曰馬法馬法者漢言爺爺也呼年長者阿哥新歲卑幼見尊長必長跽叩首尊長者坐而受之不爲禮首必四叩至三則跽而昂首若聽命者然尊長者以好語祝之乃一叩而起否則不起也然亦無不祝者少者至老者家雖賓必隅坐隨行出遇老者于途必鞠躬垂首手而問曰賽音金史作塞痕誤賽音者漢言好也若乘馬必下俟老者過老者命之乘乃敢避而乘宴會必子弟進食行酒不以奴僕客受之亦不酢往來無內外妻妾不相避年長者之妻呼爲嫂少者妻呼爲嬸子若弟婦

婚姻擇門第相當者先求年老爲媒將允則男之母徑至女家視其女與之簪珥布帛女家無他辭男之父乃率其子至女之

二

姻戚家叩頭、姻戚家亦無他辭、乃率其子姓羣至女家叩頭、金志所謂男下女禮者是也、女家受而不辭、辭則猶未允也、既允之後、然後下茶請筵席、此男家事也、女家惟賠送耳、　結婚多在十歲內、過期則以爲晚、

上元夜、好事者輒扮秧歌、秧歌者、以童子扮三四婦人、又三四人扮參軍、各持尺許兩圓木、戛擊相對舞、而扮一持傘燈賣膏藥者前導、傍以鑼鼓和之、舞畢乃歌、歌畢更舞、達旦乃已、

十六日、滿洲婦女群步平沙、曰走百病、或連袂打滚、曰脫晦氣、入夜尤多、

正、二月內、有女之家、多架木打鞦韆、曰打油千、

歲除必貼紅帋春聯、聯貴四六、歲易新句、或與舊稍同則不樂、

十月人皆臂鷹走狗逐捕禽獸名曰打圍

張舜民使遼錄云北人打圍一歲間各有處所五月釣魚海上于水底釣大魚二三月放鶻號海東青打雁四五月打麋鹿六七月於涼淀坐夏八九月打虎豹之類自此至歲終如南人稱時耕種也

按定旗分按會典

鑲黃旗圍臘山曰哈代上閒坿曰威謁河曰河你法盧曰加色曰葉炕厄嶺曰沂瀲漲尼河曰獻嶺曰果羅河曰一馬呼港曰得弗口曰交河

正黃旗圍臘山曰喀普赤藍曰勒克得弗口曰朱扯

正白旗圍獵山曰沂瀲漲尼河曰科羅河曰復漲尼河曰吉當阿河岸曰蒙古谷曰打起曰朱扯滾

正紅鑲紅二旗圍獵山曰覺羅打陽阿曰邊米牙呼曰會肥一藍木曰黑林曰過而名岡曰呼渾曰肥得里曰都什黑曰毒黑河曰勒夫峯曰色黑驪達馬納曰會肥圍屯

鑲白旗圍獵山曰喀普赤藍曰木單馬泰曰上潤峯曰色勒五魯庫曰江都庫峯曰火把峯曰渾濟你什哈河

正藍旗圍獵山曰吉當阿河西岸曰圍黑夸藍曰一吞河曰昂把西伯曰納親河曰葉黑一藍木黑林

鑲藍旗圍獵山曰書民烏力汁曰馬打堪岡曰色朱稜曰酸為瓦色

不拘平原山谷圈占一處名曰圍場無論人數多寡必分兩翼由遠而近漸次相逼名曰合圍或曰一合再合

扈從東巡日錄云我朝行圍八旗各以章京主之分左右翼馳山谷間名曰圍場惟視

三

藍旗所向，因以為分合。有斷續不整者，即以軍法治之。章京服色亦隨本旗，惟　御前侍衛及內大臣得穿黃褶。行圍之法，以鑲黃旗大纛居中為首，　聖駕在大纛之前按轡徐行，兩翼門纛相遇則立而不動，以候後隊漸次過近，為邏之合圍。緹騎環山，旌旗焰野，狐兔麋麃散走圍中，或　皇上親射，或　皇太子射之。親王大臣近侍非得　旨不敢在圍中蒐一矢。獸有出圍者，方許扈從諸人捕之。亭午就山陽張黃幄，尚食。一日凡兩合圍，所得餘獸必餉親友。善打圍者，一冬得雉常一二千，不善者有終歲不得一者矣。

滿人病，輕服藥而重跳（條音）神，亦有無病而跳神者。富貴家或月一跳，或季一跳，至歲終則無有弗跳者。未跳之先，樹丈餘細木於墻院南隅，置斗其上，謂之曰竿。按會典：堂子祭儀，每年三月初一日、九月初一日俱立竿致祭。親王、群王、貝勒每家各祭三竿，貝子、鎮國公、輔國公每家各祭二竿，鎮國、輔國、奉國將軍每家各祭一竿，不祭者聽。其無爵宗室不祭。凡致祭日期，初一日　皇上祭，初二日禮親王府，初三日鄭親王，初四日睿親王，初五日肅親王，初六日英郡王，初七日豫郡王，初八日額尒克楚赫虎兒貝勒，初九日羅羅渾貝勒，初十日額勒渾貝勒，十一日驍餘貝勒。康熙二年定親王五竿、祭期第一康親王、第二顯親王、第三莊親王、第四安親王、第五裕親王、第六簡親王、 四年、定郡王五竿、祭期第一溫郡王、第二惠郡王、第三信郡王、第四平郡王、第五順承郡王、此定期內、若遇　　皇上致祭、則應祭之家傳祭 貝子公等依次致祭、凡祭三竿之家、于定期內各祭一竿、過十一日後再各祭二竿、或致祭日有兩三家同祀神者、仍依次候應先祭之家祭畢、次祭之家方祭、如親王貝勒于定期致祭之日有事不淂祭、預期知會礼部、令次祭之家致祭、其有事之家隨便補祭　每年三月初一日俱五竿、　　皇上親往致祭、是日鹵薄大駕全設、內掌儀司官設　　皇上行禮坐褥于堂子正殿內一、前圓殿一、　　上具礼服、于正殿圓殿神前行一跪三叩頭礼、諸王大臣俱排立不隨行礼、祭畢、　　上在丹陛上西傍正坐、公以上亦在丹陛上分翼排坐、進祭以物飲祭酒、畢作樂還宮

祭時着肉斗中、必有鴉來啄食之、謂為神享、跳神者或用女巫、或以冢婦、以鈴繫臀後、搖之作聲、而手擊鼓、鼓以單牛皮冒鐵圈、有環數枚在柄、且擊且搖、其聲索索然、而口致頌禱之詞、詞不可辨、禱畢跳躍旋轉、有老虎回回諸名色、供祭者猪肉、及飛石黑阿峯、飛石黑阿峯者、黏穀

四

米糕也、色黄如玉、質膩、糝以豆粉、蘸以蜜跐果、以此徧餽隣里親族、而肉則拉人於家食之、以盡爲度、不盡則以爲不祥。寧古塔燒酒曰湯子酒、祁奕喜風俗記作滿洲燒酒、斤銀四分、黄酒斤銀三分、然燒酒家爲之、不須沽、惟黄酒多沽飲耳、油皆蘇子所打、斗得油八九斤、扈從東巡日録所謂媽龍膩盟者是也、氣頗觸鼻、品在菜油下、然菜油至自奉天、不常有、糠燈俗名蝦棚、以米糠和水順手粘麻楷、逆手粘則不可燃、則晒乾長三尺餘、插架上、以三岐木爲架、鑿空其端、横糠燈於中、可進退、或木牌、削大牌鑿數眼子、上、懸之梁上、下用与架同、燃之光与燭等、而省費、然中土人多用油燈、自昔器皿如盆盎碗盞之類、皆刳木爲之、數年來多易以磁、惟冰缸槽盆猶以木

扒犁土人曰法喇以木爲之犁而有架車而無輪轅長而軟雪中運木者也駕以牛

煌囪多以完木之自然中虛者爲之久之碎裂則護以泥或藤縛之土人呼爲摩呼郎

寧古塔船有二種小者曰威弧扈從東巡日錄作威護獨木銳首尾古所謂刳木爲舟者是也可受三四人大者曰五板船三艙合五板爲之合處不用灰麻釘以木水漬則以青苔塞之今變渾戰船則官運灰麻釘油爲之其費不貲可受十餘人常責一人執青苔以俟不遑他顧他顧則水入船矣槳長數尺兩頭若柳絮而圓其中人執之左右棹若飛開元新志所謂乘五板船疾行江中者是也五板船富者乃有之威弧隨處皆有秋冬則以爲馬槽馬春夏皆放青秋冬始喂於家

五

設堆子巡夜始于己巳南門定更鐘始於庚午梅勒章京雅泰爾商人丁二等自奉天鑄送文曰寧古塔定更鐘康熙二十九年造

寧古塔薪不須買然二十年前門外即是今且在五十里外必三四鼓蓐食往健者日致兩車弱者致一車俗以伐木爲第一勞苦每年冰雪中運一年之薪積於舍南若山二三月凍開不可運矣蓋木至春則滋潤非斧斤可伐冬閒合抱之木一二斧即剖十餘斧即斷他時則否一也冰雪融地皆翻漿泥淖也陷車傷牛二也清明後十日開犁布穀不暇入山三也富者奴任之貧者子若孫任之或無子孫則僱倩人間有買者大率二錢一車冬春間所燒皆濕木然入炕即爇夏秋則不乾不爇矣

山多樺柞椴，椴類銀杏，鋸板可爲器，其皮可爲瓦，浸水久之可索綯，柞可爲車，樺之小者名波羅木，五月土人摘其葉裹粽，大則名樺，爲薪而已。

愛渾將軍薩不蘇爲寧古塔梅勒章京時，其家有木槽盆，忽隨怪風捲入雲際，久之墮地，猶在前院，毫不損壞，明年遷將軍。

己巳冬，和寧古塔無積雪，入春人畜病，牛多死，北史勿吉傳其國無牛。庚午正月，鄰人劉三老家十九牛相繼死，皆剝於東墻下，凡牛過此不肯行，必以口就地哀鳴，久之乃去，余往觀，潑下處無乾土云。

有孔和尚者，名元昭，江陰人，素陰賊，每挾私怨，興大獄，殺人，流寧古塔者以百計，余父其一也，乙巳丙午間，元昭亦以流徙衆

六

欲斃之余父不可乃止元昭無所事日爲人誦經庚午正月六日其次子忽發狂疾持刀欲殺人之元昭懼走乃遶城逃焉嘻罵數元昭罪隣人助元昭送梅勒章京時封印不治明日辱元昭于公衙門官乃禁之披甲高六家元昭手進飲食惟謹呼二相公而不名其嘻罵如故或責之其子曰我非孔和尚子也我葉姓孔和尚詐我銀不得遂我獄破我家殺我我索之三十餘年今乃得之必殺乃已言訖舉室中斷石擊之不中元昭避户外不敢出聲而進飲食如故十三日甦涕泣求免元昭乃爲言於官釋之數日復持刀逐元昭元昭匿披甲家余行時未已也

福建陳昭令于沙蘭北掘一鏡長四寸八分闊二寸五分四角皆委上凸下凹背有紐在其端中有篆文曰佫豨窗旁篆像二龍

而各加劒于首一象水波紋

寧古塔有人掘一鏡背鑄銘兩行左一行不可辨右一行曰不

刱而鏡

前寧古塔將軍安珠湖（湖）於福兒哈河邊得一殘碑僅五行合七

字首行曰上順國次曰不次曰字次曰歸次曰佃

已巳年人傳飛牙喀一碑本屬漢文而鐸（鐸應作譯）爲滿不能錄大要其

地爲二國十年養教之後立此碑版後書東唐國鎮守滿種

山將軍馬元亮又有都指揮同知等官名按中國無東唐之號

豈高麗前代耶書之以問世之知者

寧古塔官皆世襲如梅勒章京將軍死授其子本處牛彔章京

固山大死授其子本處蘇喇章京牛彔章京蘇喇章京死授其

子代子、一名撥什庫、分得凡應襲之人、必至京　陛見謂之驗身子、戊辰以前無不得者、後在京各旗願往者多、應襲之人或有不得者矣、

寧古塔書籍最少、惟余父有五經、史記、漢書、李太白全集、昭明文選、歷代古文選、周長卿有杜工部詩、字彙、盛京通志、呀思哈阿媽有紀事本末、車尔漢阿媽有大學衍義、綱鑑、白眉、皇明通紀纂、

康熙初、寧古塔張坦公有歌姬十人、李兼汝祁奕喜教優兒十六人、後皆散、今惟有執倒刺而謳者、而山東賣解女子、則於己巳年一至云

庄屯之最著者曰牡丹、曰覺羅、曰沙闌、曰沙兒曰邀鹿曰一拉

岡、曰寗將、曰山陰哈達、曰官左
寧古臺流人、地方官防範向不甚嚴、給假入關者固多、忽然宵
遁者亦不乏、本地既不稽查、關隘出入亦無須官票、己巳十二
日月楊巴巴家抱骨還鄉、私帶犯婦洪氏入邊、遂自寧古塔放喀日應作月
喀當作卡路謂巡邊也之至必兒漢必拉、無官票者始不得出境矣、
奉天寧古塔愛渾、三將軍、自康熙庚午年始、凡入官流徙人犯
有犯充棍叛盜以上罪者、不必奏 請、徑斬于市、年終彙報、
寧古塔自牛彔章京至筆帖式、分六部管事、不相侵讓、 寧古
塔每年派章京一、筆帖式一、收管牛馬稅銀、多寡無定額、作公
衙門費、
寧古塔無羊、魏書勿吉傳多豬無羊 無騾、即有人帶至、亦不能久、往時驢

亦以、近推碾磨者半用之、然偶病輒不治、
船廠寧古塔流徙者多愛渾將軍調度本地將軍以下不得主、
愛渾將軍舊官寧古塔、孰知流人姓名、按籍而無得免者、故流（而下似有脫文）
人奴僕年壯者皆爲愛渾水手艌匠正身、年老文弱者皆爲幫
兒幫兒挐正身者也每年出銀六兩給正身家、庚午年自將軍
以下、幫兒以上皆移家愛渾、　朝廷給移家銀、官四十兩、披甲
水手半之挐兒不與、余去寧古塔時、尚未盡行也
童子相戲、多剔麞麅麋鹿前腿前骨、以錫灌其竅名噶什哈或
三或五、堆地上、擊之中者盡取所堆、不中者與堆者一枚、多者
千、少者十百、各盛于囊、歲時閒暇、雖壯者亦爲之、
凡卧頭臨炕邊腳底窗、無論男女尊卑皆並頭如足向人、則謂

之不敬惟妾則横卧其主脚後否則賤如奴隸亦忌之頭不近
牕者天寒窻際氷霜曉且盈寸近炕窗衾裯溫煖故臨炕邊避寒也
近見炕皆外高内低覺更便但不甚闊人稍長便須斜卧而絶
無增廣之者不知何故
滿洲見人以曲躬爲禮別久相見則相抱近以抱不雅馴相見
與別但執手年長則垂手引之少者仰手迎焉平等則五掌平
執相抱者少矣
阿机人相見無男女皆相偎抱或親嘴不已
舩厰西二百里薄屯山有金完顔婁室神道碑高八尺八寸闊
四尺五寸厚一尺二寸頂高三尺兩面鏤蛟龍其陰殘毁其陽
篆二十字作五行文曰大金開府儀同三司金源郡壯義王完

九

顏公神道碑、碑身作楷書、文曰、大金故開府儀同三司左副元帥金源郡壯義王完顏公神道碑、　翰林直學士中大夫知制誥兼行秘書少監　虞王府文學輕車都尉太原郡開國伯食邑七百户賜紫金魚袋　臣王彥潛　奉上大夫大名府路兵馬都總管判官飛騎尉賜緋魚袋　臣任詢　明威將軍東上閤門使兼行　太廟署令上騎都尉平原縣開國子食邑五百户
臣左光慶　王諱婁室字斡里衍、與國同姓、蓋其先曰合篤者居阿注滸水之源爲完顏部人、祖洽魯直贈金吾衛上將軍、以射雄鄉里、枝屬寖蕃、乃擇廣土徙雅撻瀨水、竿隣麻吉等七水之人、皆附麗焉、父白荅、贈金紫光祿大夫、事世祖爲七水部長、時烏蠢謀冦乱者構爲凶惡、金紫公與同郡人阿庫德協心一

力拒之以附世祖王簡重剛建、矯捷過人、擐甲冑、手之所及、無不超越而器識深遠、幼不好弄、卓然有成人風、為鄉閭所愛、年十有四、金紫公知其材、曰兒勝兵矣、乃獻於穆宗、一與語器之曰、是子他日可以寄軍旅重任、尔後阿拍留可蒲余罕等相繼逆命、王從之征、屢立以戰功受賞、遼人蕭海里叛入于係遼籍之女直部、

穆宗使王覘知所在、勒兵討捕、王登先鏖擊、蒙賞以甲冑具裝戰馬、缺麗出兵侵曷曷懶甸、進築九城、宗子贈原王付實款帥帥討之、王從攻其城、久而不克、王言之於帥曰、宜遏彼外援、絕其餉道、可不攻自下、從之、降其城五、從魏王斡帶討訛缺渾叛師、攻其城、王登自東南隅、斧其樓柱、流矢中手貫于柯、攻猶不已、士衆從之以登城、遂成功、居其最、年二十一、代

十

父爲七水部長、太祖方圖義舉、聞召王與同部人銀术可問曰、遼人驕矜、且其見侵無厭、又轄他部人陶、（缺）朿弗吾畀、吾欲先剪（陶下元本空一字）其外邑、以張吾軍、然後進伐、何如、王進曰、遼人內外　之余其時　太祖攻取寧江州、王登先以戰　元年、擢授猛安、奉命總督銀术可蒙　吉等往平係遼籍女直諸部、既降一部長、而各部長告急于遼、援兵三千且至、王率其已降巻栘迭進、掩其不備、大攻之、追殺千餘人、明日破奚部、又敗援兵三千、斬其將、俘獲監戰銀牌使者、諸部以次平之、宗室斡魯古略地咸州、以其敵重、使會王合兵禦之、乃往敗其戍兵三千於境、斬其將、遂會斡魯古、既而聞敵兵且至、王留四謀克精鋭、各守其一門、与斡魯古濟水、（缺）冀王居左、敗其所衝、追殺略盡斡魯古軍引却退、鉄城　鉄與所留諸謀克整陳而立、王返兵擣敵背、大敗之、咸州既下、因狗地黃龍府、　太祖自將進逹魯古城、將與遼兵遇、遣使馳　召王、以軍赴之、太祖見其馬力疲極、益以三百匹、命居右翼、明日兵交、以衆寡不侔、爲敵所圍者九、王所向披靡、輒潰圍而出、竟大破之、太祖將進取黃龍、召諸將議方畧、王進曰、黃龍遼之銀府、所以圍邊者、拒守甚堅、若不行翦其巡屬、使絶外援、則未易可拔、請試效之、太祖乃令王以軍行、自遼水以北、咸州以西、暨諸奚部城邑、悉討平之、進辟府城東南、扼敵軍出入、且巡其村堡、凡有以應援者、使不得交通、度城中力屈可攻、使馳奏太祖、遂親御諸軍以至、圍之、王攻東南隅、選壯隷覔倚梯、望其樓櫓、乘風縱火、王乃毀民家堞、趣士力戰、至

十一

火然鞾傷足而不知、諸軍繼進、敵遁不守、太祖嘉其功、賞御馬一、奴婢三百、仍賜誓券恕死罪、太祖之敗遼破敵兵九、俱王挑戰有功、天輔及斡魯古阿思缺等平乾顯路、攻克顯州、遂與遼大帥耶律淳　戰于蒺藜山、大破之、遂下川成徽三州、徙其人民于咸州黄龍之地、于是太祖命王為黄龍路統收皇弟遼王缺統諸軍以平中京、王為先鋒、至缺山、敗其節度使雅里斯之兵三千、偕完顔　耶律余篤等帥師徇地奚部、所向輒克、始與余篤以騎二千襲遼主于鴛央濼、遼主遁去、追至白水弗及、獲其内帑輜重、大軍圍其西京、城堅拒守、王與皇弟闍母攻東面、製攻具、以三木駢攆為洞垣、右長　使士卒行其下、以（元本寫作攆似是棖字非攆）塞隍塹、又作樓車、輦之以革、施四輪其上、出陴堞以闞敵、諸軍

乘之而遂克城、与闍母徇地天德雲内東勝寧邊四川及其傍
諸部悉降、　叛人阿克來于是始獲、都統斡魯以諸軍次白水、
王營中夜有光如炬、趍牙鈌王戎嚴曰、將有重敵、明日闍夏人
出兵三萬援遼、過雲内矣、斡魯以諸軍會天德遼王前後遣騎
數百迎敵、竟為所掩、惟數騎得還、時方暑雨、斡魯與諸帥議方
畧、皆曰彼衆我寡、宜請濟師於朝、比其至、姑擇草牧以休養士
馬、王獨曰、敵據我前、倘吾軍若縱之、其勢益張、我雖不戰、亦必
來爭利、或刦取新降人民、則沮吾士氣、所請濟師、豈能遽集耶、
願得精騎一千、與辭不失拔離速二將、以脩見可則戰、難則固
壘以俟合軍、宗室付古廼訶之之曰、尔安輕舉、我軍既寡、馬力
疲甚、將何交戰、王曰、制敵如救烈火、一後其時、反為所乘、則益

十二
訶似詞之誤下之字似複衍

難爲功、宜必迎戰、付古廼拔佩刀勃然曰、諸帥皆不欲、尔敢咈
衆耶、王厲聲曰、我獨與戰者、非爲身計、蓋國家大事耳、阿昆乃
欲屈忠勤之志、而沮諸軍之氣乎、亦挺刃相向、諸帥大驚起扞
之斡魯　以二將與王偕行、將至耶俞水、登高以望
夏軍、隊伍不整、方濟水、遣使馳報斡魯曰、今觀敵衆而無威易
與耳、將挑戰僞遁以致之、請速以師進、王乃分所將爲二旅、更
出　引却其（鈌）繼出進退以誘之、退凡
過鈌水、乃再整行列、奮銳氣馳擊、敵兵逆却退、我大軍亦
至合擊之、敵乃大潰、追至即（耶）俞水、（殺）數千人、敵赴閒結陳、俄水
於河之東、降四部族、迭剌部既降復叛、討平之、太祖平燕、皇子

即前作耶

宗望由間道東下至昌平以取糧餉太祖
太祖聞遼主
越在陰山夘斡魯暨皇子宗望引兵追襲以王爲先鋒道出龍
門擒其都統耶律大石至白水又擒
仁又破西山
巨盗趙公直出師于朔漠之境生擒公直天會初遼主播越應
翔聞斡魯遣將分兵三路追襲
追之疾馳六
十里及之于風山遼主以其騎陳而立王馳之其衆潰遼主以
六十餘騎犇王戒士卒曰無

馬出其　馬　胄而　詔書所以招諭之意
遼主
遂獲以歸
使請降輒名　使馳
奏王不能平　辨之執政
狗國戮力於石馬遂獲遼君厥
功茂爲自今或罹罪　罰餘釋勿論藏之明府有如

王領先鋒軍取馬邑破敵于雁門、
圍代州克之執其將 嗣本、進降忻州、又降戍將耿守忠等、太
而宋之援兵日集銀朮可獨不能辨、宗翰
遣王以軍與之協力、遇宋將樊 之衆十萬於 城破之、又敗
反嚮奮擊、大破之、遂獲九、孛堇軍趣汾州、掩
九之下似有脱文
平遙介休靈石、攻扳汾州、招石州及諸縣邑降之、宗翰以大軍
津、復遣子活女與諸將繼之、突葛速等破敵降
河陽、而宋人既撤河橋、活女于是自津遡流行三十里、見河水
卥

浮深涉淺而馳於中洲俄已登屽臨岸敵望之以為神不擊自遁諸軍畢濟遂取洛京及鄭州合大軍圍汴與孛堇冒圍出戰王見其鋒銳不以逆擊使活女率精兵橫截之敵衆亂王乃督諸軍進戰手中流矢整轡挺鎗馳擊自若敵大敗奔城而城中為諸軍所覆既克宋帥府俾王統諸軍西趣陝津討河東未附郡縣至澠池大破宋師范致虛勤王之師三十萬僵尸盈溝致虛僅以數十騎遁去遂克陝府濟河　又破敵二萬降解州攻河中城堅拒守王使其弟倚梯間闕登陴俄援甲士

三人上与敵人格鬭諸軍繼進克之蒲人西走先出者焚橋而去餘溺于河使並流拯之活其卒五百人於是置蒲解二守以進士楫（攝）諸縣長吏招撫散亡以活女領二猛安軍留鎮中京又降絳慈隰石四州而還元帥府將平陝西以王嘗請之使詣闕圖上方畧還率諸路軍合萬人以行出慈州乘兵渡河而南復與范致虗軍十六萬遇于朝邑大破之遂降同華進破重敵于潼關狥地京兆敗敵數萬于長樂坡遂克京兆擒其經制使得（傅）亮轉降鳳翔隴州鳳翔尋叛進軍城下破無援兵十餘萬攻拔（無似其字之誤）之還敗敵三萬于武功日中復敗三萬于近地又破十五萬于渭南北趣鄜延狥下諸郡招降折可求收麟府豐三州及諸城堡克晋寧軍殺其守徐徽言京西陝府畔復討平之又破重敵

圭

于渭水終南、略地西北、宋將吳玠率軍二十萬來拒、遇於武河、戰十有四合、而敵氣始衰、遂大破之、陝府又畔、往討之、既成圍、使以薪芻絕池築角列衝棚臨城、攻之、池水忽涸、王戒將士曰、敵泄池水、必穿地欲焚角也、嚴備之、既而烟出于塹、遂撤攻具而退、須臾火發、角爲所焚、敵復引水自固、王使以沙囊塞塹、于是梯衝並進、數日攻克、擒其將李　及援兵之將趙士伯、殲之、鄜延復叛、于是王已感末疾、睿宗皇帝時爲元帥、將親平陝右、使王先討定鄜延、而宋將張浚率步騎十八萬壁富平、睿宗皇帝會諸軍迎敵、王至、見敵遊兵千餘踰溝來覘、乃率百餘騎邀擊、而設伏于阬、以輕騎誘之出、將前伏發、返轡夾擊之、斬馘畧盡、執生口以獻、遂領左翼及敵兵遇於兩溝之間、自日中戰至于昏六合而後敗之始合、右翼引却、王援之乃復振、明日睿宗皇帝宴賚有功將士、顧請王曰、力疾鏖戰、以徇國家、遂破大敵、雖古名將何以加也、忠以帝筵所用金銀酒具及細堅甲冑、副以馬鎧戰馬七匹賞之、由是疾增劇、以天會八年十二月九日、卒於涇州回　鉄之西原、年五十有三、軍中哭之如親喪、爲訃聞、太宗震悼、詔遣親衛馳驛護其喪、歸葬於濟州之東南奥吉里、復遣皇子鶻沙虎、宗子銀朮可、迓之、車駕還自中京、道臨其終南之際、親至奠哭、久之、所以贈賻者良厚、天會十四年、追贈使相、官制行、改贈開府儀同三司、又追封莘王、正隆二年、改封金源郡、配曰溫都氏、追封王夫人、子男七人、長曰活女、官至儀同三司、京兆尹、本路兵馬都總管、曰斡魯、光祿大夫、迭剌部節

廿六

度使曰謀衍、崇進留守東京曰什古廼、金吾衛上將軍、留守北京、孫男仕者、曰斛魯鎮國上將軍、世襲猛安、曰度剌世襲謀克、曰寧古苻寔、祇候、曰撒葛祝太子內直郎、曰薛烈宿衛士王鷙勇果毅濟以明畧、始自伐遼、迄於克宋、率身先行陣、前數千百戰、未嘗不捷、獨追獲遼主、至於取汴、箠馬以涉大河、威名震懾南北、自國初迄今、言將帥臣、無能出其右者、大定十六年、天子思其功烈、詔圖像太祖原廟、明年大祫、配享太宗庙庭、謚曰壯義、又勑詞臣譔次之、建碑墓隧、臣竊惟王之考金紫公、在世祖勘難定乱時、為不二心之臣、書勳史冊、王以忠貞才武、輔佐太祖太宗征伐、功無與二、稱頌至今、傳所謂世濟其美者歟、銘曰、金興受命、寔始翦遼、武元載旆、疇若我昭、王惟世臣、熇熇忠藎、

視敵無前身先行陳武元致屆順天應人天討有罪生此虎臣
靡堅不摧靡強不踣薄伐雲朔至於漠北匪學孫吳出奇縱橫
以寡覆衆殄殲夏兵掩追亾逋虜執醜虜反轡風山卒獲遼主
追及伐宋經營太原所在寇敵如雲之屯王鋒一臨如晛之雪
虜功之奏奚啻三捷宋既畫疆乃復渝盟王弗解甲師弗留行
宋阻洪河舟梁既撤靡杭一葦長驅而入先之肇洛合圍汴梁
困獸搏鬭擊之而殪亦既克汴趣師關陝貔貅畢糧金湯失險
冨平之役　王身厲疾威猶靡及以死勤事雖疾亦力
勁敵何有力戰乃克寇壘既清陝右遂平王誠有功
維昔先正　肖形以圖寫勳而
千載如生□□□□□□□□

七

寶勝寺在
盛京城西三里東西建石碑二座東一碑前鐫滿文曰幽谷無私
有至斯響洪鐘虛受無来不應而況于法身圓對規矩冥五一
音稱物宮商潛運故如來利見迦維託生王室憑五行之軾極
溺逝川開八正之門大庇交喪于是元關幽鍵感而遂通遙源
濬波酌而不竭既而方廣東被教肆南移周魯二莊同昭夜景
之鑒漢晉兩朝並勒丹青之飾自茲遺文間出列剎相望其来
蓋亦遠矣至大元世祖時有喇嘛怕斯八用千金鑄護法嘛哈
噶喇奉祀于五臺山後請移于沙漠又有喇嘛夏兒把忽禿兎
復移于大元裔察哈尓林丹汗國祀之我
大清寬溫仁聖皇帝征破其國人民咸歸時有喇嘛墨尓根隨載

而來、　上聞之、乃命衆喇嘛往迎以禮、接至
盛京西郊、因曰有護法不可無大聖、猶之乎有大聖不可無護法
也、乃命該部卜地建寺于城西三里許、遂構大殿五楹、塑西方
三大聖、左右列阿羅迦葉無量壽蓮花生八大菩薩、十八羅漢、
天棚繪四怛的喇佛城、又有寶塔二座、供佛幔打兒用黃金百
兩、嵌東珠金壺一把、黃金二百兩、又有須弥山七寶八物、又有
金壺一把、用黃金二百兩、金鐘二十一、金銀器皿俱全、東西廊
各三楹、外三楹山門、至於僧寮禪室、廚舍鐘鼓音樂之類、悉爲
之備、營于崇德元年丙子歲孟秋、至崇德三年戊寅歲告成、名
曰蓮花淨土實勝寺、殿宇宏麗、塑像巍峨、層軒延袤、永奉神居、
豈惟寒暑調、雨暘若、受一時之福利、將世祢積而功宣、身雖遠

六

而名勋、行将垂示于無窮矣、

大清崇德三年戊寅秋八月吉旦立、國史院大學士剛林撰滿文、學士羅繡錦譯漢文、弘文院大學士希福譯蒙古文、道木藏古式譯圖白忒文、

柳邊紀畧卷之五

山陰　耕夫　楊賓　著

述懷五百字留别吳門諸同學

憶昔居安城、髮覆纔半額、舉止異常兒、父母爭憐惜、自謂守青緗、終身寄篇籍、薄有良田疇、東西免怵迫、孰知生不辰、風波蕩几席、悲哉我二人、家破投蠻貊、道遠八千里、冰堅五六尺、關雲片片黄、塞草荒荒白、平生未出門、出門乃跼蹐、不復見中原、爲能得安宅、猶記送行時、舟泊姑蘇驛、大母慘不言、仲父相扶掖、宛轉就母懷、倉皇竟無策、牽衣哭一聲、寸寸肝腸磔、弟妹年更小、但聞語嘖嘖、我尚無所知、彼亦何足責、仲父養軍中、不作溝中瘠、車騎有香囊、仲郢無牙笏、春冬擲管書、秋夏彎弓射、覆巢賴有此、亦足安魂魄、蹉跎八九年、仲父復易簀、故鄉未得歸、大母垂黃髮、極北望我父、血流雙眼赤、縱有斷鴻飛、奈此重關隔、可憐七尺軀、悵悵何所適、從茲事硯田、長作吳中客、愧乏濟川才、又非凌風翮、謬辱諸賢豪、謂可傾肝膈、班荊多贈縞、盤餐或置醴、借以供大母、庶幾慰日夕、而乃天不吊、大母遽爲沒、客路挽靈車、家山謀窀穸、窀穸復踟躕、寧忍聞沙磧、恐我父母知、老年傷踊擗、終念此大事、敢用私情格、所賴有季弟、晨昏强寬釋、同氣有三人、季不離親側、大母在堂時、仲亦關東役、嗟予獨何人、廿載情空劇、贖罪少黃金、鳴冤須肺石、天子昨南巡、願以身代讁、鑾輿已垂問、鞭撻仍遭斥、自嘆一男兒、遇事能擘畫、翻不若緹縈、上書傳史冊、歲月如逝波、轉眼已非昔、更不省庭闈、生

子誠何益結束新征衣包裹舊巾幘揮手別親朋洒淚辭叔伯

蕭蕭白日寒渺渺雲山碧誰云道路長今日乾坤窄

留別顧景范

少小畏京師人情苦莫測今年行塞上經過一太息騎馿朝出
驢
門暮歸何所得風塵雙眼眯怵迫徒終日親故豈無人高舉不可即十往九不面一面有德色以茲傷我懷多君用意密班荊道路間贈縞復推食綢繆當未雨勸誡防差忒凡意所欲為莫不殫精力豈投漆与膠不必須舊識亦以久神交信果俱可必君誠管樂才百慮鮮一失處則比卧龍出則成羽翼賓也何所知終歲但愁疾骨肉且不保安能更捫虱具區千頃波洋洋近衡泌七十二高峯峯峰可種橘他時入玉門期君同築室靈威

二

迹匪遥、好問長生術、

題沈慎言扇上畫桃慎言時正出塞

不信玄都樹、今朝塞上來、枝從毫末辨、花向硯池開、春色飛龍磧、芳名到蝎臺、莫愁霜露濕、根蒂在蓬萊、

金赤蓮姜日千沈慎言朱端士爾登招飲燕山客舍時余將出塞門即席賦別

男兒生不得其所、七尺堂堂若腐鼠、蓬頭赤脚走邊關、撲面黃沙無一語、諸君乃不嫌我真、相逢客舍能相親、激昂忼慨驟上指、高歌擊筑旁無人、襍坐班荆燕市口、沉李浮瓜不去手、葡萄架上白石斜、欲起不起恐被肘、尊中酒是故園來、不飲亦須三百杯、殷勤一片家鄉語、誰云此是黄金臺、秋風颯颯吹南陌、虎

脊河邊氷凡尺短衣明日獨長征、回首今朝雙眼赤、

幾

夜坐

細雨消殘暑、微風送薄涼、秋聲乾木葉、夜氣濕衣裳、氷雪行將至、關山去正長、那堪燕市口、愁坐聽鳴蛩、

別張豊村依贈行原韵

庭闈萬里隔重關、首覲寧知慘客顏、氷合馬嘶楊柳渡、月明人過樺皮山、直因溫凊離鄉國、不是周流好轍環、安得回天君有力、金鷄早放老親還、

歸來行送友人之延平

閩中之山頗崒嵂、熊羆虎豹如人立、閩中之水極盤渦、上灘下灘蛟龍多、我輩勞生固其職、君亦安能早休息、獨念今朝赴七

三

闊、行過家門不得入、若耶溪水淺、綆短亦可汲、雲門花木深、鷓鴣啼春日、早歸來山田、熟後漁舟出、草閣斜陽秔稻香、烟波細雨綸竿濕、

登燕山

西風乾木葉、原野變顏色、征人別所知、去去燕山北、省覲亦其常、我獨何偪仄、春明發故園、秋乃辭京國、豈曰哭途窮、蹭蹬至此極、亦以走邊庭、徒旅不可得、羽箭逐庄頭、腰刀隨戍卒、渾脫取其溫、駑駘借其力、氷霜不畏寒、崎嶇亦可出、縱復隔關山、凌風有羽翼、

豐潤縣逢高麗使者

豐潤城西曉色開、方袍一隊逐龍媒、道旁人説高麗使、着得先

朝舊服來、

望首陽山

垂鞭信馬蹄平沙入孤竹、孤竹傳者誰二子伯與叔讓國久無家東海留芳躅、豈至采薇時、不食還鄉曲、而以首陽名專歸茲山麓清風詎可攀、廟貌隨時俗、俎豆綴千秋、不飽他人粟、我来大道旁、日暮仍馳逐、安得拜衣冠、細摸殘碑讀、

次榆關

西風吹落木、斜日滿群山、白板新官舍、黄榆舊漢關、前車行欲止、我馬去仍還、投宿知何處、柴門一水間、

山海關

東海邊頭萬仞山、長城猶在白雲間、烽烟不報中和殿、鎖鑰空

四

傳第一關、大漠雪飛埋戰骨、南天雨過洗刀環、漢家豐沛今遼左、鐵馬金戈歲歲閒、

出關

誰道車書是一家、關門依舊隔中華、已看文字經重譯、更裂軍繻過五花、草木凭叢支野燒、乾坤萬里走荒沙、庭闈直在黃龍北、日暮愁聽塞上笳、

悽惶嶺

山海關前日色昏、風塵況復舊乾坤、不堪更上悽惶嶺、雙袖橫流血淚痕、

姜女祠

凜凜望夫石、上有姜女祠、姜女伊何人、廟貌永不移、風霜透巾

幗、冰雪老容姿、乾坤歷萬刼、血淚猶雙垂、守險本在德、長城亦何爲、一哭且莫當、安能保邊陲、今朝過其下、駈馬獨遲遲、喋息秦皇帝、不若一蛾眉、

前衛

一片黄沙裏、荒荒百雉城、市朝從此變、衛所亦空名、白草翻新屋、黄雲壓舊營、邊廷今不戰、無復鼓鼙聲、

望海店

遼海出長城、出關已了了、望之欲無遺、莫若茲山好、積水遠何極、分流猶浩淼、風翻白日低、浪動乾坤小、南疑析木偏、東覺扶析桑曉、蜃樓遇且難、况識蓬萊島、余本海濱人、少小縱凌眺、今日五出邊庭、乃復行其杪、一葦直可杭、鞭石苦不早、安得乘長風、迮

復如飛鳥、

杏山

昨日望滄海、飄飄若神仙、今日過杏山、嘆息臨風前、遼陽多險要、此更其咽喉、同行一老卒、爲我語便便、太祖昔建國、鐵騎來（太祖應提行高一字）三千、掘壕困其外、蹤跡猶依然、百戰僅乃破、流血增平川、殺戮盡雞狗、誰能保一椽、大力既已没、（指劉鋌）好李名空傳、（指李如松）不見長城壞、萬里銷烽烟、

小淩河

日暮風蕭蕭、平沙水㳽㳽、立馬飲長流、晃鷗鷺欲起、清澈鑒鬚眉、曲折游魴鯉、誰道若耶溪、烟波勝于此、

大淩河

小淩清且淺，大淩莽滔滔。輿梁尚未成，舟楫亦徒勞。不若策駑馬，聊試涉波濤。忠信吾所具，執轡何哀號。秋冬河正涸，深不滿一篙。但得登彼岸，四顧求其曹。

十三山

遼西嶺萬里，戴土皆平衍。獨有十三山，石骨開生面。削疑斧鑿工，画敵丹青善。峯峯插烟霄，縹緲窮萬變。崩奔類馬馳，離立如人戰。或利若金刀，或直若羽箭。雲氣倏有無，日色逓隱見。洞口失金牛，（下有金牛洞）潭側鳴狐雁。（上有潭）胡嶠記頗詳，蔡珪詩亦羨。予特過其旁，一一為數徧。

渡遼河

出關數百里，渡河日八九。小者不知名，大者此其右。發源自東北、汩汩西南去、清流可濯纓、濁或泥數斗、蕩溢起波濤、觸石聲如吼、汎濫過平沙、汪洋千餘畝、聞道枸柳河、冰堅八月後、今年天亦寒、所遇何獨否、獨木一扁舟、三人亦可受、篙使橫索錢、安能落吾手、淺瀨蹇裳衣、呀坑沒馬首、登岸乃獨悲、魚鱉笑爲友、

老邊道中

老邊墻外草蕭蕭、千里風煙合大遼、保障人猶看舊制、提封誰復記前朝、經過婦女多騎馬、游戲兒童解射鵰、自笑書生行未慣、黄沙撲面已魂銷、

次開平縣

風捲平沙塞草齊、夫餘城上夕陽低、葡萄酒禁誰能醉、苜蓿場空馬自嘶、郡縣未分威遠北、人家多住塔山西、明朝更出條邊

口、朔雪寒雲處處迷、

出威遠邊門

黄沙漠漠暗乾坤、威遠城頭欲斷魂、蘆管一聲催過客、柳條三尺認邊門、亂山雪積人煙絶、老樹風回虎豹蹲、從此征鞍隨獵馬、東行夜夜宿雲根、

火燒嶺曉發

邊外鳴鷄少、輕裝逐塞翁、馬行殘月下、人語亂山中、鬢爲冰花合、額因皴瘃紅、庭闈猶未達、不敢畏途窮、

葉赫行

柳條邊外九十里、葉赫河頭道如砥、荒荒草沒兩空城、一在山胥一近水、同行塞上翁、迴鞭指故宮、自云葉赫王家子、不與尋

七

常六角同、地廣兵强稱大國、老城本在河東北、前代覊縻三百年、累朝賜出黄金勅中葉參商兄弟爭操戈沒羽傷同室、土地人民自此分、新城更築南山側、辟鷹走馬刷烟崗、醉後激歌瓦子堂可憐國事由宫禁、已却新城舊亦亡、 太祖恩深分左右、一門子姓皆奔走、子父猶能架海青、姓名曾著鷹坊首、鷹坊本未入鵷斑、只在長楊五柞間、天潢一派從龍者、誰識王孫舊日顔、五六年來行虎脊、經過每見漸漸麥、老死風塵亦有情、能無對此飛冤魄吾聞此語獨停鞭、相呼稽首問青天、青天青天胡不言、昔之滄海今桑田、

换車行

冰凍馬蹄汗不止、歷歷千山復千水、邊門未出已難堪、况出邊

門二千里、瀋陽城北換柴車、柴車換得無人使、坡陀木石相枝撐、谷口泥淖多呀坑、日日輪摧與轂折、翻雲覆雨如人情、人情翻覆烏可識、出門步步行荆棘、涕淚沾巾向北風、但見庭闈外亦得、

孤山道中

小夾河邊白日寒、大孤山下路漫漫、波羅葉落雲還黑、塔子頭燒雪未乾、渴向氊墉分乳酪、饑隨獵馬割麞肝、中原生長何曾慣、處處傷心掩淚看、

次衣兒門

高岡背大道、絕壁面東偏、一溪何曲折、冰下鳴涓涓、上有古今樹、俛仰淩蒼煙、下有嶙峋石、錯落橫沙邊、塞門多莽莽、獨此堪

八

留連、造物若無意、鬼斧胡爲穿、因茲念長夏、百萬鳴其巔、密葉（萬疑鳥字之誤）影交覆、踈花開欲然、箕踞赤雙脚、科頭手一編、人跡且莫到、安渴世務牽、管寧既未知、康樂亦寡緣、我獨領其要、請爲來者傳、

挺人行

烏臘城頭鼓聲絶、烏臘城下征車發、藍旂堆裡挺行人、縛向旃墻不得脫、君莫恠、從來醉尉不可攖、霸陵夜夜無人行、射虎將軍且不放、何況區區萬里一書生、

混同江

浩浩此江流、萬古爭日夜、我來獨非時、但見寒光射、雪埋高岸頭、沙漲層冰下、頓轡驚馬奔、杖策車輪過、自昔戒垂堂、況復騎衡坐、來者縱莫欺、履薄還愁破、東行出塞垣、百川此爲大、千山

更臨江嶺奔爭一𨭎甬踞與龍盤形勢良非假莫漫數金陵渤海亦其亞

宿尼什哈站

水經玄菟黑山過混同青漫道無城郭相看有驛亭糠燈勞夢寐（以米糠粘麻楷然之名曰糠燈）麥飯慰飄零明發騎鞍馬蕭蕭逐使星（時与馹使同行）

納木窩稽

跋涉過混同所歷已奇峭結束入窩稽一望更深奧樹密風怒號崖崩日奔馳陰霾不可開白日安能照古雪塞危途哀湍喧壞道更無人跡過惟聞山鬼嘯車駈苦險巇換馬欲前蹶霜蹄偶一蹶流血沾烏帽魂魄已莫收童僕徒慰勞死亦分所當生

九

豈人所料、但苦歷窮荒庭闈終未到、

自拉發至退也

窮髮誰憐萬里身、蕭蕭盡日逐車塵、山過拉發多松栝、路入窩稽有鬼神、日暮風生聞虎嘯、天寒雪積少人行、淒涼不敢回頭望、恐爲鄉關淚滿巾、

色齊窩稽

納木五十里、頗極登頓苦、色齊林更深、未入心已阻、豺狼逐我馳、山鷄向我舞、谷口咆熊羆、松根竄貂鼠、雲横道不通、霧黑眼若瞽、幸有鑿山人、乃見天一縷、架木度層岡、解韋藉茅土、才看日色暝、不覺夜已午、自衛憑夜燒、畏懼不敢語、俄頃雪滿衣、一一沾透旅沍寒手足僵、皸瘃從此數、釜鬲莫爲炊、調飢腹空鼓、

凍餒雖切膚、達曙力可努、但得脫烏稽、烏道吾所取、

宿賀莫索落山中

日落萬峯西、荒荒路欲迷、依然成路宿、何必過前溪、野火憑風力、孤群仗馬嘶、窮山雞犬絕、莫認五更嗁

德林石

四臂圍德林、廿里平若掌、鐵色蝕土花、陶鑄一何廣、變態極千（臂似壁字之誤）端、寒光凌萬象、玲瓏有鬼工、登頓騰異響、洞壑積層冰、艸木猶能長、不因車馬遲、何由獨欣賞、

沙蘭

我行一月餘、踏雪亦多薄、今朝過沙蘭、羣山始玉琢、天時縱不同、地氣或非昨、僅乃隔一峯、胡為異南朔、素影動乾坤、寒光射

寥廓、白日慘無輝、北風淒更惡、頓轡彼兔驚、揚鞭野雞落、念彼多傷亡、謂我能獵較、盡日逐平岡、呑氊亦可嚼、四顧勿復悲、中原無此樂

至寧古塔

望望吉林峯、白雲繞其下、登頓及今朝、亦得依親舍、父母驟相逢、注視還相訝、別時髮覆眉、胡乃成老大、隣舍爭慰勞、應接若不暇、姓氏未及知、空言聊相借、日暮細挑燈、恍若夢中亱、喜極乃更悲、不覺淚如瀉

又

上書不得達、生男亦何爲、四十乃一來、對人良可嗤、戲綵學老子、撫鬢愧小兒、西山日已薄、鄉國歸何時、嘆息謂季弟、爾獨無

分離叅歡廿八載樂亦安能知、

次韵酬周長卿

黑水城邊問老親坐中誰是故鄉心遼東俎豆今王烈江左風流舊伯仁說到家山空想像吟成詩句最清新平生多難傷懷抱不道逢君更愴神、

又

省覲今朝塞北来知心漫許出群才老親未得歸三澥小子空慚賦七哀故國衣冠雖不改邊門鼓角又相催何當日下金鷄赦作伴同行過檐臺、

贈李呂林侍御

埋輪都下問豺狼慟哭何時過樂浪絶塞人猶憐子慶中原誰

十一

不重張綱、糠燈舊夢依青瑣、雪窖新詩滿皂囊、宣室他年君自到、謾將濁酒注糟床、（侍御頗縱子酒）

又

鐵面真能裂白麻、避人諫草世猶誇。天南恨未瞻雙戟、漢北誰知共一家、板屋醉時驚簌簌、旃墻雪夜聽琵琶。趨庭今日兼陪從、好認青門五色瓜、（侍御善種瓜）

次韵答吳子有明府（明府楚人）

蕭蕭白髮舊爲郎、大邑曾誇墨綬長、一自門栽彭澤柳，更無人識令公香、十年俎豆存遼海，萬里煙波夢岳陽。莫怨飄零揮涕淚、管寧襦褲本尋常、

贈吳英人使君

短髮今朝塞上翁，當年治行是吳公。三邊冰雪春愁裡，六詔風烟午夢中。皂帽本因時序易，布裙不為道途窮。挹婁城畔談經典，化俗知君術素工。

隨家大人過淨公吉林蘭若淨公浙人

南極開初地，西方變吉林。山園祇樹密，江到寺門深。雪白文公馬，沙黃長者金。冰崖仙梵響，土室雨花侵。學禮陪游從，聞香度碧岑。贊公甘放逐，惠遠愛招尋。茶椀忘天日，清談見道心。金篦如不惜，敢復嘆升沉。

至日

今年學礼過庭闈，此日相看靜掩扉。風俗窮荒何處好，飄零盡室幾時歸。曾無梅蕊春前放，謾說葭灰夜半飛。片片冰花堆雪

十二

窘、還添弱綫補寒衣、

己巳除夕

除夕年年血淚流、今年今夕亦何求、老親縱未邀 恩赦、絕域猶堪舞敝裘、茅屋桃符仍舊俗、瓦盆麦酒是新芻、歡呼不覺陶然醉、忘却家鄉萬里愁、 蒭

人日陪 家大人周長卿過李召林侍御

絕塞逢人日、隨行過柏臺、可憐圍毳帳、猶自說蓬萊、生菜盤中得、冰花勝裏開、故園何處是、醉後更啣杯、

寧古塔雜詩

石礮圍平曉、河流抱淺沙、土城惟半壁、茆屋有千家、泣月天邊雁、悲風塞上笳、老親忠信在、不減住中華、

二

北行猶有塞、東去更無邊、校尉乘虛幰、阿机欲受塵、馬閒秋草後、人醉晚風前、莽勢空齊曲、逍遙二十年、

三

黑水新城近、黃龍舊府遙、寧古塔唐時為黑水府、家傳肅慎矢、虎兒哈河濱時得楛矢人多寶之、人愛挹婁貂、殘雪埋松塔、松子鄰人呼為塔、微風變柳條、春明二三月、也復種青苗、

四

遼金曾建號、唐宋亦經過、舊跡殘碑火、荒城蔓草多、三韓迷姓氏、五國失山河、絕域無文獻、蒼茫發浩歌、

五

圭

化城開石壁、燈火出林微、不見乘杯渡、還看卓錫歸、閒雲埋土室、古佛釣漁磯、佛像爲阿机釣者所得、怪底經行處、天花片片飛、

六

城闕沙瀾口、荒荒草木秋、地連三萬衛、名是五雲樓、五雲樓在金上京城眢井填銀甕、春耕響玉鉤、千年餘王氣、今日未全收、

七

山川盤地軸、草木亦多宜、舊塞黃榆樹、官山紫樺皮、桃花水似錦、桃花水果名香蓼菜如綠、誰道窮邊外、年年春到遲、

八

土產參爲貴、今時貢帝京、營州非舊種、上黨亦空名、碧葉翻風動、紅根照眼明、最佳者曰紅根人形稱絕品、服食可長生、

九

更有諸珎異、寧隨草木枯、淺沙埋赤玉、老蚌出東珠、稗子貧家少、（稗子在菜）五穀上、山兒名到處無、怪来水土變、今日此陪都、

十

八月松花凍、家家打角鷹、山邊張密網、樹底繫長繩、攔虎金眸疾、屠龍玉不能、（攔虎屠龍皆鷹號）海青如便得、萬里會騫騰、

十一

咲語鄉音襍、衣冠上下同、十年乘保障、一半是王公、辛苦頭多白、沙塵眼易紅、莫因遷閭左、錯比五陵東、

十二

卥

元本十一即接寫十三不空

十三

三十年前事、兒童見者稀、天寒叟護臘、草履名地凍着麻衣、貴人乃絮麻衣禦寒雪積扒犁出、雪中運木之車曰扒犁燈殘獵馬歸、只今風俗變、一一比　皇畿、

十四

遲日爭游宴、豪家直一金、不嫌几席少、偏愛酒杯深、風俗誇盧橘、人情厭海參、渾忘絕塞苦、醉裏即狂吟、

十五

年少新豐客、翩翩亦自豪、圍棋群賭墅、葉子日分曹、裸下高麗馬、腰間大食刀、可憐編卒伍、萬里駕風清、流人子弟盡充愛渾水手、

稞似稼誤

清似濤誤

十六

都護屯兵處、傳聞驛使重、沙邊鉏白草、雪裏試青龍、船名魚海何時到、狼居自古封、誰云枯萬骨、王祭肯全供

十七

俗亦厭貧賤、不復重冠裳、販鬻皆程鄭、生涯半彥方、參貂口外得、牛馬谷中量、翻怪中原弱、窮愁徧八荒

十八

聞說鸝麋國、西來絕可憐、冰天魚作服、陸地狗行船、黑斤飛哈喀皆以船任載以狗駕轅披髮環穿鼻、文身耳綴肩、由來桑梓地、不是信張騫、

十九

少主和親慣、乘輿出塞門、如何經故土、亦是嫁烏孫、鷓屋三春

十五

雪、糠燈萬里魂、琵琶彈絶調、夜夜泣黄昏、

二十

稱藩雖漸廣、文字尚無憑、近塞能書木、削木書之名曰牌子臨江但結繩、隨事大小結繩於胥冠裳今亦改、風俗舊相仍、歲歲愁衣食、春來早鑿冰、

上元曲

誰道今宵是上元、城頭畫角不聞喧、相看獨有天邊月、萬里迢迢照塞門、

二

皂帽蒙頭犯朔風、醉中踏月過城東、無端獵犬原頭嘯、錯認龍燈掛碧空、

三

夜半村姑着綺羅、嘈嘈社鼓唱秧歌、漢家裝束邊關少、饒隊胡兒簇擁過、

四

剪紙爲燈號牡丹、西關爆竹似長安、誰家年少黄金勒、醉裏垂鞭處處看、

五

銷金羅帕粉花香、蟒幅齊肩錦繡裝、百病年年行走慣、阿誰打滚到沙場、

廿六

丁巳小除夕點校畢